T0157832

Printed in the United States
By Bookmasters

أساسيات في التربية

أساسيات في التربية

الدكتور
اخليف يوسف الطراونة
كلية العلوم التربوية
قسم الأصول والإدارة التربوية
جامعة مؤتة

2004

● أساسيات في التربية .

● الدكتور اخليف يوسف الطراونه.

● الطبعة العربية الأولى: الإصدار الاول، 2004 .

● جميع الحقوق محفوظة © .

الناشر:

دار الشروق للنشر والتوزيع

هاتف : 4618190 / 4618191 / 4624321   فاكس: 4610065

ص.ب : 926463 الرمز البريدي : 11110   عمان – الاردن

دار الشروق للنشر والتوزيع

رام الله :المنارة – شارع المنارة – مركز عقل التجاري هاتف 02/2961614

غزة: الرمال الجنوبي قرب جامعة الازهر هاتف 07/2847003

■ التنضيد والاخراج الداخلي وتصميم الغلاف وفرز الألوان و الأفلام :

دائرة الإنتاج / دار الشروق للنشر والتوزيع

هاتف: 4618190/1 فاكس 4610065 / ص.ب 926463 عمان(11110)الاردن

Email : shorokjo@nol.com.jo

الإهـــداء

أهدي هذا الجهد المتواضع إلى كل من لمس حياتي بلمسة حب وحنان، وإلى
كل من علمني حرفا، وإلى من لهم علي فضل الدنيا بما فيها.
- إلى روح والدي رحمه الله.
- إلى والدتي وأشقائي وشقيقتي أميرة.
- إلى زوجتي ورفيقة دربي.
- إلى أولادي وقرة عيني فيصل وفارس وسيف.

مع خالص حبي واحترامي واعترافي بالفضل والعرفان

قائمة المحتويات

المقدمة

كتاب (أساسيات في التربية) كتاب عام في التربية ويعالج موضوعات مختلفة مهمة في حياة الأفراد والمجتمعات ماضيا وحاضرا ومستقبلا، حيث إن التربية تعتبر عملية اجتماعية، إنسانية، لأنها تعكس طبيعة المجتمع وفلسفته وطموحه وآماله في تربية النشء تربية صالحة وإعداد أبنائه للحياة.

وتأتي أهمية هذا الكتاب من أهمية الوقفات التي أبرزها المؤلف سواء كانت أثناء الحديث عن الفلسفة التي أثرت على التربية عبر العصور، أو من خلال الحديث عن التربية والسلام، خصوصا وأن خيار السلام هو حديث الساعة. كما ويقدم الكتاب بطريقة مختصرة ومفيدة لكل من يقرأه من طلبة الجامعة أو من خارجها ايجازا عن أهمية اللغة والتفكير في التربية حيث إن اللغة هي المرآة الصافية التي تنعكس منها عواطف الإنسان. ومن الوقفات المهمة أيضا معالجة علاقة التربية بالتنمية، والتربية بالتغيير. فهذه العلاقات توضح أهمية التنمية التربوية التي تهتم أصلا بانتقال أفراد المجتمع من أنماط السلوك السائد إلى أنماط سلوكية أخرى جديدة متحررة تتلائم مع أهداف المجتمع وفلسفته التي تتطلبها خطط التنمية الشاملة، حيث إن من واجب التربية إعداد القوى العاملة المدربة اللازمة لهذه الخطط من إداريين ومخططين ومشرفين وعمال مهرة. أما عن علاقة التربية بالتغيير، فتأتي أهميته من أهمية هذا العصر الذي نعيشه والذي من سماته الأساسية التغيير المستمر، والتطور المتنامي في كافة مناحي الحياة نتيجة للتقدم العلمي والتقني والتقدم في وسائل الاتصال والانتقال. فيضع المؤلف أمام القارئ استراتيجيات إدخال التغيير، وكيف تساعد الناس على تقبل التغيير، ويقدم مقترحات عامة لضمان نجاح التغيير وقبول العاملين في المنظمات والمؤسسات لهذا التغيير.

ونتيجة لبروز العديد من المشاكل الصفية والتي يقف عندها المعلم أحيانا حائرا، رأى المؤلف أن يضمن هذا الكتاب فصلا عن الإدارة الصفية الفعالة يوضح فيه جوانب مهمة في الإدارة الصفية من حيث عناصرها وواجباتها

وأنماطها ودور المعلم، وعن أنواع المشكلات الصفية والأمور التي يجب مراعاتها لتحقيق انضباط فعال.

ولما كانت وظيفة المدرسة بمفهومها الحديث - لم تعد تقتصر على إتاحة الفرص للطلبة لتلقي المعارف والمعلومات، بل أصبح من وظائفها التكيف مع المجتمع الذي يحيط بها لتصبح قادرة على التأثير فيه والتأثر به، فقد رأى المؤلف أن يتطرق إلى العلاقة بين المدرسة والمجتمع المحلي موضحا أهمية توثيق هذه الصلة. فبالإضافة إلى هذه الإضاءات والوقفات المهمة، تناول الكتاب موضوعات عن مفهوم التربية وضرورتها وصلتها بالعلوم الأخرى، وعلى تطور الفكر التربوي عبر العصور والفلسفات التربوية الكبرى، كما واهتم الكتاب بالفرد الإنسان المتعلم وبطبيعته.

وأخيرا وليس آخرا، إن هذا العمل المتواضع يعود الفضل فيه إلى والدي رحمه الله، حيث تعلمت منه أثناء مرضه مثلما تعلمت منه أثناء قوته، الصبر والجلد والعطاء. فإلى روح والدي الشيخ الجليل أقدم هذا الجهد المتواضع وأنا أسأل الله سبحانه وتعالى أن يتغمده بواسع رحمته، آملا أن أكون قد قدمت ولو قيد أنملة من العلم، لينفع بها الناس. وما توفيقي واعتزازي إلا بالله و الله من وراء القصد، والحمد لله أولا وأخيرا.

الدكتور اخليف الطراونة

كلية العلوم التربوية - جامعة مؤتة

مؤتة - الكرك - الأردن

الفصل الأول

التربية

مفهومها ، معانيها ، ضرورتها وأهدافها

مقدمة:

لقد عرف الإنسان التربية منذ وجد على وجه الأرض، على الرغم من اختلاف أساليب معرفته وتنوع طرائقها عبر العصور والأجيال. فمنذ أن خلق الإنسان وهو يقوم بتدريب أبنائه على التعايش مع البيئة الطبيعية. ولما كانت الحياة تتسم بالتطور، فإن حياة البشر قد تطورت ونمت وازدهرت عبر الأجيال، وبدأ الناس يعيشون في جماعات، وصار لكل جماعة هدف تسعى لتحقيقه من أجل الإبقاء على أسلوبها ونظامها وطريقة معيشتها، وتنوعت مطالب حياة أفراد الجماعة مما أدى بهم إلى إحداث تغيرات في نمط سكناهم وطراز معيشتهم مستفيدين من تجاربهم السابقة وما أضافوه إليها من تجاربهم اللاحقة، وقاموا بدروهم بتعليم ذلك إلى أبنائهم حتى يبقى هذا الجيل محتفظا بتراث الآباء والأجداد، لذلك نلاحظ بأن الآراء والأفكار حتما ستختلف حول مفهوم عملية التربية، أو عملية التدريب والتكيف مع الجماعة والمجتمع المحيط.

فما دامت عملية التربية تبدأ ببداية الحياة، فإنها أيضا لا تنتهي إلا بانتهائها، وهي عملية يقع تحت تأثيرها كل إنسان ويمارسها الأب والأم في المنزل، والمعلم في المدرسة، والمدرس والأستاذ في الجامعة، وتمارسها الدولة بكافة مؤسساتها الرسمية وغير الرسمية، ويمارسها الشارع وغير ذلك.

ولم تعد التربية في القرن العشرين والحادي والعشرين عفوية اعتباطية ومتخبطة، بل تغيرت وتطور معناها وأصبحت تهتم بالإنسان الصالح وحقوقه وواجباته لما يقود البشرية إلى الأمام ويرفع من مستوى الأفراد والجماعات ليعيشوا في سلام دائم حقيقي مع أنفسهم ومع بعضهم بعضا.

مفهوم التربية ومعانيها:

يختلف مفهوم التربية وأغراضها ومعناها من مجتمع لآخر باختلاف طبيعة نظرة المجتمعات المختلفة إلى التربية وأهدافها ووظائفها عبر تاريخ تطورها الطويل، وكذلك باختلاف نظرتها إلى طبيعة الحياة، وطبيعة الإنسان، وعلى الرغم من اختلافات المعنى والمفهوم قديما وحديثا، إلا أنها جميعها تنطوي على أبعاد مشتركة بصورة كلية أو جزئية.

-المعنى اللغوي للتربية:

بالرجوع إلى معاجم اللغة العربية نجد أن كلمة التربية يمكن أن تكون مشتقة من الفعل الماضي الثلاثي (ربا) ومضارعه يربو بمعنى نمى، ينمو، قال اللـه تعالى: "يمحق اللـه الربا ويربي الصدقات" أي يزيد اللـه الصدقات. ويمكن أن تكون مشتقة من الفعل الماضي (ربي) ومضارعه (يربي) بمعنى ترعرع وتغذى وهي على وزن رمى ويرمي، ويمكن أن تكون مشتقة من أصل الفعل الماضي (ربب) أي ربى ومضارعه يربي، وهي على وزن حلى ويحلي وغطى ويغطي وهي هنا تعني: أصل الشيء وقوامه، فعندما يقال ربوت في البادية تعني نشأت في البادية وعندما يقال ربى الولد تعني أصلحه وتولى أمره. فالأصل إذا النشأ والترعرع، وإنماء الأخلاق والسلوك والتصرف بما يزيد الإنسان ويهذبه. وهذا يعني أن التربية رعاية دائمة، وإنما تختلف التربية في الأسلوب وفي الدرجة تبعا لمراحل النمو المختلفة وتبعا للنضج العقلي والاجتماعي للأفراد.

-المعنى الاصطلاحي للتربية:

تختلف المعاني المشتقة من التعريفات لكلمة التربية باختلاف الأيدلوجيات الاجتماعية التي توجه العمل التربوي داخل المجتمعات الإنسانية، ومن المعاني الإصطلاحية للتربية ما يلي:

1 -التنشئة الاجتماعية، وهذا يعني تبليغ الشيء إلى كماله شيئا فشيئا.

2 -التربية عملية ضبط التعليم وتوجيهه - أي بمعنى وجود أهداف محددة

يمكن الوصول إليها وتحقيقها في حياة المتعلمين من خلال جميع محاور العملية التعليمية التعلمية.

3- التربية هي عملية إعداد العقل السليم والجسم السليم.

4- التربية هي عملية حفظ التراث ونقله للأجيال اللاحقة بعد تهذيبه مما قد علق به من شوائب.

5- التربية هي عملية استغلال الذكاء الإنساني وذلك من خلال تنمية أدوات المعرفة لديه واكتشافها.

6- التربية هي عملية استثمار اقتصادي لها عائد ومردود.

7- التربية عملية اكتساب الخبرة وذلك من خلال التفاعل ما بين الفرد وبيئته.

8- التربية هي عملية إعداد الإنسان الصالح المتحضر الذي يعي واجباته المدنية ويراعي الحقوق الإنسانية ويصونها.

9- التربية هي عملية إعداد الإنسان المؤمن بقيمه الدينية والحضارية ويحترم مشاعر الآخرين وحقوقهم.

10- التربية هي اللبنة الأساسية في بناء المجتمعات وتطورها وصلاحها.

وبالرغم من اختلاف المربين عبر العصور في تفسير معنى التربية، فمنهم من قال إن التربية عملية يلقن بها المتعلم معلومات في مختلف مواد التعليم، ومنهم من قال إن التربية عملية تتفتح بها قابليات المتعلم الكامنة كما تتفتح النباتات والأزهار، ومنهم من قال بنظرية الترويض العقلي التي تؤمن بأن عقل الإنسان يروض كما يروض جسمه، إلا أن معنى التربية في نظر العلم الحديث هي عملية تكيف ما بين المتعلم وبيئته. فالتربية كمصطلح تشير إلى نشاطات قصديه ذات أهداف مرسومة يفترض بلورتها وملاحظتها في سلوكات المتعلمين، ومن بين هذه النشاطات المنهاج أو التدريس والتنظيم والإدارة وما إلى ذلك.

وفيما يلي عرض سريع لتعاريف بعض من علماء وفلاسفة التربية وعلى مر العصور:

1 -أفلاطون (٤٢٧ - ٣٤٧ ق.م).
"التربية هي أن تضفي على الجسم والنفس كل جمال وكمال ممكن لها"، وكان يرى أن الهدف الأساسي من الفلسفة والتربية هو إصلاح الفرد والمجتمع والوصول إلى معرفة الخير وتنمية هذه المعرفة وطبع النفس الإنسانية على الحق والخير والجمال.
2 -ارسطو طاليس (٣٨٤ - ٣٢٢ ق.م).
"التربية هي إعداد العقل للتعليم كما تعد الأرض للبذار"، فالتربية الصالحة في نظره يجب أن تشمل تربية الجسم عن طريق الالعاب الرياضية أو تربية النفس غير العاقلة و تهذيب الرغبات و الدوافع والشهوات عن طريق الموسيقى والآداب.
3 -أبو حامد الغزالي (١٠٥ 1111 - 9م).
"إن صناعة التعليم هي من أشرف الصناعات التي يستطيع الإنسان أن يحترفها، وأن أهم أغراض التربية هي الفضيلة والتقرب إلى اللـه"، وكان يرى ضرورة التبكير في تعويد الطفل الخصال الحميدة لأن نفسه خالية من أي نقش.
4 -ابن خلدون (١٣٠١ - ١٣٨٧ م).
أكد ابن خلدون على ضرورة العلم والتعلم كما أكد على طرائق التدريس ووضع لها مبادئ منها التدرج من السهل إلى الصعب و الانتقال من المحسوس إلى المجرد. و دعا إلى استخدام الامثلة الحسية و ان لا يأتي المعلم بالتعاريف والقوانين في أول الأمر، وضرورة مراعاة الفروق الفردية، وأكد أيضا اهمية القدوة الحسنة في التعليم وأهمية الرحلات في طلب العلم.
5 -جون ملتون (١٦٠٨ - ١٦٧٤ م)
"التربية الكاملة هي التي تجعل الإنسان صالحا لأداء أي عمل عاما كان أو خاصا بدقة وأمانة ومهارة في السلم والحرب بكل عدل وحذق وسعة فكر."

6 -جان جاك روسو (١٧١٢ -١٧ 78م).

"إن واجب التربية أن تعمل على تهيئة الفرص الإنسانية، كي ينمو الطفل على طبيعته انطلاقا من ميوله و اهتمامه " فهو يرى أن الطفل يولد ولديه قدرات يجب أن تنمى وتحترم بالحرية، لأن الحرية أكبر عون للعقل على تنمية الشخصية وتعويد الفرد الاستقلال والاعتماد على النفس. "

7 -بستالوتزي (١٧٤٦ - ١٨٢٧ م).

"هي إعداد بني الإنسان للقيام بواجباته المختلفة في الحياة وهي تنمية كل قوى الطفل تنمية كاملة وملائمة"، فالتربية الحقيقية في نظره هي التي تعمل على تنمية كل من العقل والجسم والروح، وقد أكد أهمية الجانب الأخلاقي في التربية ودعا في طرق التدريس إلى البدء بالمدركات الحسية ثم الانتقال من المحسوس إلى المعقول ومن البسيط إلى المركب ومن العام إلى الخاص.

8 -جون ديوي (١٨٥٩ - ١٩٥٢ م).

"إن عملية التربية والتعليم ليست عملية إعداد للمستقبل بل إنها عملية حياة، وهي عملية تكيف بين الفرد وبيئته."

9 -إسماعيل القباني (١٨٩٨ - ١٩٦٣ م).

"التربية هي مساعدة الفرد على تحقيق ذاته حتى يبلغ أقصى كمالاته المادية والروحية في إطار المجتمع الذي يعيش فيه."

10 -ساطع الحصري (١٨٨١ - ١٩٦٨ م).

"التربية هي أن تنشئ الفرد قوي البدن حسن الخلق، صحيح التفكير محبا لوطنه ومعتزا بقوميته، مدركا واجباته، مزودا بالمعلومات التي يحتاج إليها في حياته."

من خلال ما سبق يمكن ملاحظة أنه بالرغم من اختلاف هذه التعاريف إلا أنها جميعها تقتصر على الجنس البشري، وتعتبر العملية التربوية فعلا يمارسه كائن حي في كائن حي آخر.

وإن هذه التعاريف لا تتعدى كونها نشاطا أو مجهودا يؤثر في قوى الطفل أو الراشد بالتنمية بغض النظر عن مصدر هذه التنمية سواء كان هذا المصدر هو الطفل أو الراشد أو البيئات المحيطة به.

وظيفة التربية:

تأتي وظيفة التربية لتوجيه وإرشاد الطفل إلى معرفة الحاجات اللازمة ليستطيع العيش مع جماعته وذلك عن طريق:

1 -التربية وسيلة اتصال و تنمية للأفراد.

2 -نقل الانماط السلوكية للفرد في المجتمع.

3 -نقل التراث الثقافي من الأجيال السابقة إلى الأجيال اللاحقة وتنقيته مما علق به من شوائب.

4 -اكساب الفرد القيم الخلقية والجمالية وتذوقها. فهذه خبرات اجتماعية نابعة من قيم ومعتقدات ونظم وعادات وتقاليد وسلوك الجماعة التي يعيش فيها.

5 -تنوير الفرد بالأفكار والمعلومات الحديثة بما يحقق أهدافه. و يندرج تحت أهداف التربية أهداف فرعية عديدة سواء كانت قريبة أم بعيدة، عامة أم خاصة، عالمية أم وطنية قومية، دينية أم دنيوية (اجتماعية، اقتصادية، سياسية، وغيرها.(

6 -تحقيق النمو الشامل للطفل عقليا واجتماعيا وجسميا ونفسيا، أو ما يسمى بالتربية المتوازنة.

7 -اكتساب اللغة وأساليب الكلام، واكتساب الخبرة.

8 -وسيلة لبقاء المجتمع، إن استمرار الحياة يعني استمرار التكيف بين الكائن الحي والبيئة وهذه إحدى وظائف التربية أيضا، فعملية الحياة والممات لكل من أعضاء الجماعة تؤكد ضرورة التربية لأن الأفراد الجدد القادمين إليها ليسوا فقط في حاجه إلى نمو جسماني، بل هم كذلك في حاجة إلى نمو اجتماعي يتصل بالانخراط في الجماعة والمشاركة في ميولها وأهدافها ومهارات تكوينها والابقاء عليها. فالمجتمع الإنساني بحاجة إلى عملية نقل عادات العمل وطرق التفكير والشعور من الكبار إلى الصغار وبدون نقل هذه المثل والتوقعات والآراء من الكبار النازحين عن الحماية إلى الصغار الوافدين إليها فإن الحياة الاجتماعية لا تبقى.

9 -تكوين الاتجاهات السلوكية: تتكون الاتجاهات السلوكية في البيئة بواسطة تشكيل العادات النافعة للطفل وتثبتها ولتعديل دوافعه الاصلية على أساس مبدأ اللذة والألم. ومما يؤكد دور البيئة الاجتماعية في تشكيل الاتجاهات العقلية والعاطفية للفرد، وتحديد نمطه السلوكي، أنه إذا ما احتوته الاتجاهات العقلية والعاطفية للبيئة، يكون قادرا على معرفة أهدافها الخاصة وطرق ووسائل تحقيقها .

10 -التوجيه والسيطرة الاجتماعية: ذلك أن الكبار يتمتعون بقيمهم وأنماطهم السلوكية فيحرصون على اكسابها للصغار، وتأكيدا لفاعلية هذا الاتجاه البيئي، فإن حركات الإصلاح الاجتماعي والثورات الاجتماعية، تلجأ للتربية كأداة لتحقيق أهدافها الاجتماعية عن طريق اكسابها لأفراد المجتمع من خلال تثبيت القيم والأفكار الجديدة وما يترتب عليها من تعديل وتغير في أنماط السلوك.

وكلما ارتقى الإنسان وتقدمت وسائل الحضارة لديه، كلما احتاج للتربية أكثر فأكثر. فالتربية تدفع الناس لاستخدام الأدوات الحديثة والآلات والمخترعات الجديدة -استخدام التكنولوجيا الحديثة- واستغلالها لصالح الإنسان ولمنفعته وتقدمه، كما وتعرفه بأساليب الحياة، وكيف يعيش الناس في أنحاء العالم. فالتربية تفتح الأذهان وتنير الطريق وتحسن من الأداء وتزيد الأفراد ثقة بأنفسهم وبقدراتهم وتدفعهم للمطالبة بحقوقهم وتعرفهم بواجباتهم .

طبيعة التربية:

هل التربية علم أم فن أم صناعة؟

- العلم يدور حول معرفة الحقيقة من خلال منهج علمي قابل للملاحظة والتجريب لتحقيق غاية أو هدف معين، وهو لا يدرس إلا الموضوعات التي تضمن تدعيم نتائجه بالدليل البين، أما بالنسبة للعلوم البيولوجية والنفسية والاجتماعية فإنها تصف لنا كيف ينمو الفرد وكيف تكون تغذيته وكيف يكون تعلمه وتطوره العقلي وكيف يتأثر بالبيئة الاجتماعية المحيطة ولكنها لا تحدد لنا الصورة الكلية أو المثالية التي يجب أن نحققها في تطبيق هذه العلوم، وهكذا نرى بأن كلا من العلم والتربية مبني على حقائق ومعلومات يجب أن تكون متوفرة للوصول إلى قرارات رشيدة أو نتائج منطقية ومقبولة .

- الصناعة تقوم على تحويل المواد الأولية إلى مصنوعات، فهي تهدف إلى العمل والتطبيق، أي بمعنى تحويل مواد بين أيدينا إلى شيء آخر، أي إلى إنتاج جديد يفيد الفرد والمجتمع. والتربية تعمل على تحويل النشء إلى أفراد متعلمين قادرين على اتخاذ القرارات الصعبة بما يفيد أنفسهم ومجتمعاتهم .

-الفن هو التعبير الجمالي عن المدركات والعواطف ونقل المعاني والمشاعر للآخرين، فالفن يهدف إلى ايجاد شيء ذي قيمة جمالية وأخلاقية، وبصورة أعم قيمة إنسانية تتجاوز المطالب المادية والمنفعة وتسعى إلى إيجاد ماله شكل أو هيئة ومحتوى .

هكذا نرى إذا أن التربية قد تكون كل ذلك مرة واحدة، فهي علم من حيث أنها مبنية على الحقائق البيولوجية والنفسية والاجتماعية أما اعتبارها صناعة فلأنها مهنية فنية تعتمد على مهارة معينة لها أصولها وقواعدها والتي تطبق بحكمة ودراية وهي بالتالي فن من حيث إنها نمط من التنظيم يستخدم هذه الحقائق في إنشاء شخصية إنسانية متصفة بجميع الكماليات المتصورة، فالتربية إذا علم وفن وصناعة!

ضرورة التربية:

التربية ضرورة فردية من جهة وضرورة اجتماعية من جهة أخرى.

أ) ضرورة فردية وذلك للأسباب التالية:

1 - العلم لا ينتقل من جيل إلى جيل بالوراثة.

فالعلم لا ينتقل من السلف إلى الخلف بالوراثة البيولوجية كما وأن الحضارة ليست ميراثا بيولوجيا وإنما هي ميراث اجتماعي جاهد الجنس البشري في اكتسابه وحافظ عليه آلاف السنين، ومما تجدر الإشارة إليه أن انتقال العلم عن طريق التربية وليس عن طريق الوراثة خير للبشرية، ذلك أن الوراثة تنقل كل شيء كما هو دون تمييز بين جميلة وقبيحة، أما التربية فلا تنقل إلى الجيل الناشئ كل شيء بل تحاول أن توسع العلوم وتطورها وتختار منها ما يلائم حاجات المتعلم وحاجات المجتمع الذي يعيش فيه.

2 - الطفل مخلوق كثير الاتكال، قابل للتكيف .

عند مقارنة الطفل بصغار الحيوانات نجد كم هو مخلوق ضعيف كثير الاتكال، فصغار الحيوانات لا يمر عليها وقت طويل حتى تصير قادرة على القيام بالواجبات المترتبة على الحيوانات البالغة، إلا أنه يجب التذكير بأن الطفل على الرغم من اتكاليته فإنه قابل للتكيف مقارنة مع صغار الحيوانات، وهذا ما يجعله بحاجة إلى كثير من الرعاية والتوجيه حتى يصير قادرا على نفع نفسه ومجتمعه من حوله. وهنا يأتي دور المدرسة لأنها من أقدر المؤسسات على القيام بهذا العمل الهام والخطير، كما ويجب أن لا نغفل دور الأسرة والأقران في المجتمع في صقل مواهب الطفل ومساعدته على التكيف.

3 - البيئة البشرية كثيرة التعقد والتبدل .

إن العالم في تطور مستمر وإزاء هذا التغير السريع المستمر ترى المدرسة أنه من واجبها أن تعد الجيل الناشئ لعالم اليوم وعالم الغد معا.

ب) ضرورة اجتماعية وذلك للأسباب التالية:

1 - الاحتفاظ بالتراث الثقافي.

الأجيال المتلاحقة تعتبر نفسها القيم على التراث الذي ترثه وبهذا فهي تتمسك بما توصلت له الأجيال السابقة من المعارف والقدرات والقيم الإنسانية كموروث ثقافي وحضاري، ولا تلبث الأجيال الجديدة أن تكيف نفسها بمقتضى هذا الجو، ولولا هذا التكيف لعاد المجتمع، إلى همجيته وتخلفه .

2 - تعزيز التراث الثقافي .

مهما كان التقدم الاجتماعي والحضاري الذي تنعم به الشعوب والأمم فإن حصيلة تراثها الثقافي لا تخلو من العيوب. من هنا جاءت أهمية التربية في العمل على تعزيز تراث المجتمع الثقافي علاوة على نقله، لأن المجتمع الذي يريد أن يسير في طريق الرقي، متجنبا ما من شأنه أن يعمل على ركوده وجموده يتحتم عليه أن ينقي تراثه الثقافي من العيوب التي علقت به من تراكمات الزمن.

لماذا يحتاج المجتمع العربي إلى التربية؟

إن حاجة المجتمع العربي إلى التربية هي حاجة سائر المجتمعات، إلا أن للمجتمع العربي حاجات خاصة يمكن تصنيفها على الشكل التالي:

1 - مكافحة الجهل والأمية والفقر والبطالة .

2 - تنمية الموارد الطبيعية والبشرية المتوافرة في المجتمع .

3 - تنظيم الحكم وتكريس مفهوم الديمقراطية وتكافؤ الفرص واحترام حقوق الإنسان وحرية التعبير .

4 - تحقيق الوحدة القومية الشاملة وتخطيط سبل تقويمها وتدعيمها.

5 - تنمية إحساس الأفراد بالخطر المحدق بأمتهم.

6 - التوفيق بين التراث القديم والمدنية الحديثة والاتصال الوثيق بحياة من حولنا .

7 -إعداد قادة الأمة في ميادين الفكر والعمل، وبما ينسجم مع متطلبات كل مرحلة .

8 -الأخذ بأسباب الصحة والتربية بالمفهوم العلمي الشامل.

9 -تقوية العقيدة الإسلامية السمحة وتوطيد دعائمها من خلال التواصل الأسري والاهتمام بالعمل .

10 -رفع المستوى الخلقي من خلال الالتزام بالقواعد الأخلاقية والقانونية .

11 -الاهتمام بأمر الاستجمام والترويح عن النفس والاهتمام بالرياضة بكافة أشكالها .

12 -النقص الشديد في الإختصاصيين، إذ لا يقل فقرنا إلى المال عن فقرنا إلى الرجال، رجال الاختصاص في مختلف حقول التربية والعديد من ميادين الفكر .

مراجع الفصل الأول

-إبراهيم ناصر. (١٩٨٩). أسس التربية. دار عمار للنشر والتوزيع، عمان .

-إبراهيم ناصر. (١٩٩٠). مقدمة في التربية. دار عمار للنشر والتوزيع، عمان، ط ٧ .

-إبراهيم عصمت مطاوع. (١٩٩٥). أصول التربية. دار الفكر العربي، القاهرة، ط ٧ .

-جورج شهلا، عبد السميع الحربلي. (١٩٧٣). الوعي التربوي ومستقبل البلاد العربية. رأس بيروت، بيروت .

-خالد القضاه. (١٩٩٨). المدخل إلى التربية والتعليم. دار اليازوري العلمية للنشر والتوزيع، عمان .

-عبد الكريم شطناوي وآخرون. (١٩٩٢). أسس التربية. دار الصفاء، عمان، ط ٢ .

-فاخر عاقل. (١٩٨٣). معالم التربية. دار العلم للملايين، بيروت، ط ٥ .

-محمد منير مرسي. (١٩٨١). في اجتماعات التربية. عالم الكتب، القاهرة .

-مفيد ابو مراد. (١٩٩٣). الريادية في الثقافة العربية. دار الجيل، بيروت، ط ١ .

الفصل الثاني

التربية
و علاقتها بالعلوم الأخرى

مقدمة:

تعتبر التربية حلقة وصل بين كثير من العلوم لأنه عن طريقها يتم تكيف الفرد مع الجماعة ولهذا تتصل التربية بكافة فروع المعرفة الإنسانية .

التربية والفلسفة:

تعتمد التربية على نتائج الفلسفة في تحديدها للقيم، وفي تحقيقها لقيم الوجود وفي تحديدها لقيمة المعرفة، وما فلسفة التربية، إلا تطبيق لنتائج الفكر الفلسفي في مجال التربية. فالفلسفة والتربية يبحثان في مسألة الوجود، ومسألة القيم ومسألة المعرفة والتي هي جميعها متصلة بالإنسان، فالفكر التربوي يقوم بتحديد الأهداف والغايات التي يجب الوصول إليها، وهذا بدوره يأخذنا إلى الفلسفة وطريقها ومحتواها لأن الفكر التربوي لا يختلف عن الفكر الفلسفي، ويمكن فهم حقيقة العلاقة بين التربية والفلسفة من كتابات جون ديوي والتي توضح أن مبادئ الفلسفة لا تصبح فهما عمليا للسلوك إلا عن طريق التربية، وفي الحقيقة أن مذهب الفيلسوف لا يكون كاملا إلا إذا كان متوجا بفلسفته الأخلاقية والتربوية. فكما أن الفلسفة لا تستطيع أن تحقق أهدافها بدون التربية، كذلك لا تستطيع التربية أن تعرف طريقها ولا أن تدرك غاياتها إلا بواسطة الفلسفة.

التربية وعلم الإنسان:

يدرس علماء الإنسان سلوك الإنسان من عدة أوجه ويقارنون أوجه الشبه والاختلاف بين البشر ويهتمون بدراسة المجتمعات الإنسانية عامة وبكافة مستوياتها، فالإنسان كمخلوق يعيش في المجتمع ويكتسب عاداته وتقاليده ونظمه وقيمه وطريقة حياته من المجتمع الذي يعيش فيه، لذلك يمكن القول بأنه لا يمكن أن تتم العملية التكيفية للحياة في أي مجتمع إلا عن طريق التربية والعملية التعليمية لما بينهما من علاقة وثيقة الصلة .

كما أن هدف العملية التربوية العام هو تنمية الشخصية الإنسانية تنمية متكاملة من جميع النواحي العقلية والنفسية والجسمية والاجتماعية إلى الدرجة التي تسمح بها إمكانات الفرد واستعداداته وقدراته، أخيرا، إن كلا العلمين يسعى لأن يكون الإنسان منتجا بالدرجة الأولى .

التربية وعلم الاجتماع:

علم الاجتماع هو العلم الذي يتناول المجتمع ككل، ويحدد خصائص الظواهر الاجتماعية والعلاقات المتبادلة بينها، وهو بالتالي العلم الذي يساعد في تكيف الفرد والمجتمع للعيش معا ضمن أهداف معينة يسعون إلى تحقيقها من أجل التقدم والازدهار والاستمرارية، أما المواضيع التي يهتم بدراستها فهي الجماعات الاجتماعية وعملياتها من تعاون، تنافس، صراع...الخ، والثقافة لأنها تشمل كل نتاج العقل الإنساني (مادي وغير مادي)، والتغير الذي هو بمثابة القانون الدائم في حياة المجتمعات .

وهناك علم الاجتماع المدرسي الذي يقوم بدراسة الزمر الاجتماعية الخاضعة للعمل التربوي، ودراسة التفاعلات المتبادلة التي تتم فيها، سواء بين الطلبة أنفسهم أو بين الأساتذة والطلبة، وهناك علم الاجتماع التربوي الذي ينظر إلى المدرسة والمؤسسات التربوية الأخرى كمؤسسات اجتماعية داخل البناء الاجتماعي العام، تؤدي دورها الوظيفي داخله، وتسهم بدور إيجابي في تقدمه وتطوره. علم الاجتماع التربوي لا ينظر إلى الأنظمة الاجتماعية مستقلة عن الأفراد بل يدرس التعامل الإنساني في إطار تربوي ويعني بدراسة الجوانب الاجتماعية في العمل التربوي ويعالج التربية بوصفها ظاهرة اجتماعية مميزة .

التربية وعلم النفس:

إن أبرز تعاريف علم النفس بأنه ذلك العلم الذي يدرس سلوك الإنسان وما يصدر عنه من أفعال وأقوال وحركات ظاهرة، فهو يدرس أوجه نشاط الفرد وهو يتفاعل مع بيئته ويتكيف معها، وأي صلة أكثر من هذه الصلة بين علم النفس والتربية، التي تدرس عملية تكيف الفرد مع بيئته المحيطة، وعلم النفس العام يبحث في مواضيع مختلفة لها علاقات في مواضيع مباشرة بالتربية والعملية التربوية، اما علم النفس التربوي فهو العلم الذي يطبق مبادئ علم النفس وقوانينه على ميدان التربية والتعليم المختلفة ويعتبر موضوعه الأساسي هو التعلم أو التعليم أو التدريس، ويعد علم النفس التربوي من المقررات الأساسية

اللازمة لتدريب المعلمين في كليات ومعاهد التربية وإعداد المدربين والموجهين في برامج التدريب والتأهيل بمختلف أنواعها ومستوياتها .

التربية والبيئة :

البيئة هي الإطار الذي يعيش فيه الإنسان والذي يحتوي على التربة والماء والهواء وكذلك على مكونات مادية وكائنات حية وتعتري هذا الإطار مظاهر عديدة من طقس ومناخ ورياح وأمطار...إلخ.

وتعامل الإنسان منذ بدء الخليقة مع البيئة التي وجد نفسه فيها وتطور هذا التعامل بسبب تغير ظروفها عبر العصور، لذلك اختلفت علاقة الإنسان بالبيئة من عصر إلى عصر ومن مجتمع إلى آخر .

ويرتبط نجاح الإنسان في هذه الحياة بمدى تحكمه بالبيئة التي يعيش فيها وبحسن استغلال ما تدره عليه من خيرات، فلا بد له أن يتصرف تصرفا رشيدا مع هذا الإطار الذي يحتويه. وأن تتم تنشئة الجيل الصاعد تنشئة تجعله يحترم البيئة ويتفاعل معها كمحيط حيوي يجب صونه ورعايته حتى ينعم هذا الجيل بحياة كريمة تعمل على تنمية نشاطه وتحسين ظروف عيشه ورفع أدائه نحو الأفضل .

وفي هذا الشأن وبحكم تطور مقتضيات الحياة وتميز العيش حسب الأماكن، والمواقع التي يوجد فيها الإنسان، وجبت إقامة علاقة سليمة بين الإنسان وبيئته، وذلك تصديا لأخطار اختلال التوازن الطبيعي ودرءا للتأثير السلبي الذي نتج عن تفاعل الإنسان مع عناصر الطبيعة وتسبب في تدهور بعضها أو جلها .

إن العيش داخل مجموعات عمرانية مهما اختلف حجمها يتطلب بالأساس عناية خاصة وعملا ملموسا من أجل المحافظة على سلامة البيئة حتى تحافظ مكوناتها على نقاوتها، وتتمثل المحافظة على هذه النقاوة في تنظيف المساكن والطرقات والمحلات العمومية وتعهدها باستمرار إلى جانب التصرف في الفضلات والنفايات بأنواعها وبعدم الإلقاء بها في الأماكن العمومية وبصفة عشوائية ومع ايلاء عناية خاصة بالحدائق والمناطق الخضراء ووجوب صيانتها

بصورة متواصلة. من هذا المنطلق فسنتحدث بشكل مختصر عن عدد من الامور والتي يمكن أن يكون لها تأثير سلبي على حياة الإنسان وبيئته في حالة تلوثها وفي حالة زيادتها عن الحد المسموح به وعن دور المدرسة ممثلة بأندية حماية الطبيعة في محاولة معالجتها والحد من خطرها .

فالبيئة إذا يمكن تعريفها بأنها مجموعة العوامل الطبيعية والاقتصادية والاجتماعية والثقافية التي تترابط فيما بينها وفق أنظمة محدودة لتشكل موطنا للإنسان والكائنات الحية الأخرى والتي يستمدون منها زادهم ويؤدون فيها فعالياتهم تأثيرا وتأثرا .

أما التربية البيئية فهي منهج تربوي لتكوين الوعي البيئي من خلال تزويد الفرد بالمعارف والمهارات والقيم والاتجاهات التي تنظم سلوكه وتمكنه من التفاعل مع البيئة الاجتماعية والطبيعية بما يسهم في حمايتها وحل مشكلاتها. ومن ملوثات البيئة ما يلي:

الهواء:

إن أهم ملوثات الهواء هي المواد الدقيقة، وثاني أكسيد الكبريت، وأول أكسيد الكربون، وأكاسيد النيتروجين، والأوزون، والهيدروكربونات، وكبريتيد الهيدروجين، والفلوريد، والمواد المسببة للحساسية .

وتنتج المواد الدقيقة عن العواصف الرملية في المناطق الصحراوية والتي تؤثر على جهاز التنفس، والمواد الدقيقة المنبعثة من المصانع مثل الرصاص والمنغنيز والاسبست والنحاس والقصدير وكذلك المبيدات المختلفة كالمبيدات الزراعية ومبيدات الحشرات التي تنتشر في الهواء والمحتوية على مواد دقيقة ملوثة تؤثر على بعض أعضاء الجسم، أما ثاني أكسيد الكبريت فينتج عن طريق احتراق الفحم والزيت في وحدات التدفئة المنزلية أو محطات الطاقة وهو أحد نواتج مصانع الورق والتعدين والبترول، وينتج أول أكسيد الكربون من التدخين والتدفئة المنزلية ومكائن احتراق المركبات، ويكثر بشكل خاص في المدن المزدحمة بالمواصلات، وهو خطر جدا لأنه لا يرى ولا تشم له رائحة، وهناك

أخيرا المواد المسببة للحساسية وهي المواد العضوية النباتية أو الحيوانية والمواد الصناعية التي تنتقل في الهواء والمسببة للحساسية وخاصة للأشخاص الذين يسكنون المناطق الزراعية والصناعية .

إلا أنه يوجد بعض الاحتياطات التي قد تسهم في إبعاد خطر التلوث منها:

- تركيب فلاتر على مداخن المصانع .

- تحاشي تشغيل السيارات لمدة طويلة .

- الامتناع قدر الإمكان عن السير في الأماكن المزدحمة بالسيارات .

- السكن في المناطق الريفية البعيدة عن الهواء الملوث.

- وضع النفايات داخل اكياس من النايلون وإغلاقها بإحكام والإمتناع عن حرقها.

وبالنسبة لدور المدرسة في هذا المجال يكون بتنظيف ساحة المدرسة بحيث لا تكون مثيرة للغبار وتجنب الازدحام في الصفوف حيث الكثير من الأمراض للطلاب مثل أمراض الشتاء وأهمها الرشح والسعال، أيضا يمكن أن تقوم الأندية المدرسية بعرض أفلام وثائقية عن البيئة ودعوة محاضرين ذوي اختصاص لإعطاء محاضرات عن البيئة ...الخ.

تلوث الهواء داخل المنازل:

1 - ملوثات الدهان بمركباته الكيماوية وروائحه المختلفة .

2 - أدوات الطهي واللدائن والمعادن المصنوعة منها .

3 - أدوات التدفئة وخاصة المدافئ التي تعمل على الكاز أو السولار .

4 - الملوثات الناتجة عن السجائر والتدخين داخل المنازل .

5 - تصميم البناء من حيث حجم الغرف وأنظمة التهوية وقاعات الاجتماع التي تعج بالتدخين .

الماء:

الماء أكثر عرضة للتعكير والتعفن فيتلوث وهو في الجو على شكل أمطار بما يصادفه من غبار وغازات سامة، كما ويتلوث وهو على الأرض بما ينحل فيه من مواد خطرة، ويتلوث وهو في الأنهار والبحار بما يرد إليه من فضلات ونفايات تأتيه من المنازل والمصانع ووسائل النقل. وبشكل عام فإن تلوث المياه يقسم إلى ثلاثة أنواع:

أ- تلوث بكتيري: وهو ما يصدر عن الإنسان والحيوان من فضلات، ومعروف بأن جراثيم الأمراض تعيش في جسم الإنسان ويطرحها من خلال البراز والفضلات حتى تصل إلى المياه وتلوثها .

ب- تلوث كيماوي: وهو عبارة عن مواد مذابة أو عالقة في الماء، إن وجود هذه المواد بكميات كبيرة قد يكون له تأثير سيئ على جسم الإنسان. وإن إجراء التحاليل الكيماوية للمياه يعتبر ضروريا قبل ضخها إلى المستهلكين وذلك لجعلها مياه صالحة للشرب وخالية من المواد الكيماوية .

ج- أما بالنسبة للتلوث الطبيعي في الماء فهو وجود طعم أو رائحة أو لون أو شوائب في المياه، وإن وجود هذه الملوثات في المياه يجعلها غير مستساغة للشرب. فمثلا زيادة نسبة الحديد في الماء يجعل لونها مائلا إلى الإحمرار وقد يكون السبب أيضا اهتراء الأنابيب التي تسير فيها المياه وتراكم كمية من الصدأ عليها.

وهناك أمراض كثيرة تحدث بسبب تلوث المياه مثل الكوليرا والتيفوئيد، والتي تحصل عادة عندما يسعل المريض أو يتحدث أو يعطس فإن الجراثيم تنتقل عن طريق الرذاذ من الفم إلى المنديل أو الأدوات التي قد يستعملها شخص آخر .

ودور المدرسة في المحافظة على مياه صالحة للشرب يكمن باستمرارية المحافظة على خزانات المياه وجعلها محكمة باستمرار وتنظيفها دوما أو مرة كل شهرين على الأقل، كذلك أن يكون لدى كل طالب وعاؤه الخاص، وأن يحافظ على حنفيات المدرسة أيضا يمكن للمدرسة والأندية أن تساعد في نشر الوعي

البيئي بين أفراد المجتمع المحلي وأن تثقفهم صحيا وأن ترشدهم إلى الطرق الجيدة في المحافظة على المياه لتبقى نظيفة دائما ومحاولة غليها عند الشك .

التربية والتعليم بين اليوم والغد:

إن الحياة كثيرة التعقيد والتبدل، وتزداد تعقيدا بزيادة المخترعات الحديثة والتغيرات السريعة التي تحدثها الصناعة، لذا يعتبر التعليم اليوم وسيبقى عاملا ضروريا للنجاح في الحياة، إن صورة التربية والتعليم اليوم قد تغيرت وستتغير على الدوام لأن النظام التربوي المعاصر ليس مستودعا للمعارف وإنما هو أداة من أدوات التغير والحركة وكسب المهارات .

لهذا يمكن أن يتسم تعليم المستقبل بالصفات التالية:

1 - الاستمرارية - خصوصا مع هذا التطور السريع في الاتصال والتقنيات .

2 - المرونة - سواء من حيث المكان أو الطريقة والأسلوب أو حتى المحتوى، مثال: التعليم عن بعد .

3 - سيصبح التعليم غير رسمي باستخدام آلات التسجيل والحاسوب والعقول الإلكترونية .

4 - ستصبح واجبات المدرسة أكثر مرونة حتى تندمج مع المجتمع.

5 - سيكون للمدارس أكثر من اتجاه في تنمية الأفراد .

6 - سيصبح من الضروري التدريب على مهارات جديدة للتعامل مع المعلومات الجديدة .

7 - سيصبح هدف التربية قائما على العالمية وتربية الإنسان الصالح.

التربية والسلام:

إن الجنس البشري في خطر ما دام النشء والشباب يلقنون المعلومات والمعارف في المدارس والجامعات والتي لا تتصل اتصالا وثيقا بالمبادئ التي تدعو إلى تعليم القيم الإنسانية في حياة الأفراد والجماعات والشعوب، حتى يقوض النزوع نحو الحرب، وتمحى الرغبة في العدوان وحب السيطرة على مستوى

الأفراد والجماعات والشعوب، فالمسؤولية الكبرى في ذلك تقع على عاتق المربين والمسؤولين عن توجيه النشء والشباب في وضع السياسات التعليمية والمناهج المدرسية في قالب إنساني من شأنه أن يسمو بالقيم والقوانين الإنسانية ويحترم كرامة الإنسان وحقوقه، وأن يغرس فيهم البغض للحرب، ومقاومة أي روح تدفع إلى العدوان أو الاستعمار، فهذا النوع من التربية هو الذي يجب أن يزود به أطفالنا في المدارس والمعاهد والجامعات ليخدم السلم ويوطد دعائمه، ومن خلال مراجعة أدب ما يكتب بموضوع التربية والسلام خاصة فإن المرء يجد نفسه أمام طريقين:

1 -طريق الكتابات التربوية أثناء الحرب، وهذا النوع يجعل الناس أكثر جنوحا إلى السلام، ولكن الدافع من وراء ذلك هو الخوف من الحرب والدمار والقتل والتشريد.(peace because of fear)

2 -الكتابة أثناء السلم (وقت السلم)، وهذا النوع من الكتابات يجعل الناس يشعرون بالاستقرار والأمن ويكون الدافع من ذلك حب السلام للسلام.(peace for peace).

والنوع الثاني من الكتابة هو المطلوب في هذه المرحلة من حياة أمتنا وعالمنا المعاصر. لذلك فإنه يتطلب إعادة تنظيم مناهجنا التربوية لتشمل الأمور التالية:

أ- مراعاة أن إحساس القرويين بالارتباط بالأرض يكون عادة أقوى من إحساس سكان المدينة وذلك بحكم طبيعة الأعمال التي يؤديها القرويون سواء من حيث الزراعة أو الرعي أو غيرها.

ب- مراعاة أن هناك فئات من الناس يميلون بفطرتهم إلى الحروب ولايقلون بعددهم عن الذين يميلون بفطرتهم إلى المسالمة، لذا يجب مراعاة ذلك وإعادة توجيه غرائزهم من خلال الألعاب الرياضية والترويجية المختلفة أوما شابه ذلك .

جـ- التمييز بين أنواع الحروب وأشكالها ودوافعها سواء كانت حروبا وقائية أو استعمارية مثل الذي تشنها اسرائيل، أوحروبا دفاعية

لمقاومة الاستعمار والاستيطان مثل المقاومة الفلسطينية في الضفة الغربية .

د- عوضا عن الحروب التي هي انعكاس للدوافع العدوانية في اتجاهات مختلفة، ينبغي قدر المستطاع أن تنصهر هذه الدوافع مع غريزة الحب ومع الشعور بالأخوة والمساواة والعدالة .

هـ- تعديل المناهج المدرسية وإجراء تعديل شامل في أساليب وأهداف التعليم وإعادة توجيهها وجهة صالحة .

و- تنمية الإدراك والنهوض بالتصنيع ومساعدة الطلبة على التكيف مع هذا المجتمع للقضاء على البطالة أولا وليجد الإنسان نفسه ثانيا، وهذا قد يتم من خلال ما يلي :

1 -علم عن طريق الاشياء (الطريقة البرجماتية).

2 -علم لتوحد لا لتفرق .

وحتى يتم هذا التنظيم فإنه لا بد من تشجيع ودعم كافة الأنشطة الرامية إلى تربية الجميع في سبيل ازدهار العدالة والحرية وحقوق الإنسان والسلام، وهذه التربية يجب أن لا تكون حكرا على فئة محدودة من الأعداد المتزايدة من تلاميذ المدارس وطلبة المعاهد والجامعات والنشء والكبار الذين يتابعون تعليمهم وعلى طائفة صغيرة من المربين، بل يجب أن تمتد لتشمل كافة السلطات والإدارات والهيئات المسؤولة عن التعليم المدرسي والتعليم العالي والتعليم خارج المدرسة ومختلف المنظمات التي تضطلع بأنشطة تعليمية بين النشء والكبار، كالحركات الطلابية وحركات الشباب، ورابطات الآباء والتلاميذ ومجالسهم المختلفة، واتحادات المعلمين وأنديتهم المهنية، وغير ذلك من الهيئات المعنية .

الديموقراطية والتربية:

اتجهت السياسة العالمية في الآونة الأخيرة إلى تركيز مفاهيم عدة وعلى كافة المجالات الاقتصادية والاجتماعية والسياسية، فمن المفاهيم الاجتماعية التي تعالجها السياسة العالمية مفاهيم تكافؤ الفرص والمساواة بكافة أشكالها وألوانها بين كافة الأجناس والديانات والحضارات.

أما المفاهيم الاقتصادية فقد ركزت السياسة العالمية على ضرورة توفير المشكلات الأولية لمستوى معيشي مقبول لكافة الأفراد في الدولة الواحدة وفي مجمل الدول العالمية، وتقديم الدعم للفئات قليلة الدخل في الدولة الواحدة وفي الدول الفقيرة على مستوى العالم مع تخفيف حجم وأعباء مديونيتها.

وفي الجانب السياسي فقد اتجه العالم إلى تعزيز مفهوم الديموقراطية بين كافة الدول في العالم من حيث حرية الانتخاب وحرية الصحافة وحرية الرأي بحيث تضمن لكل فرد أن يسلك السلوك الديموقراطي في حياته كأسلوب حياة. وفي كل هذه المناحي السياسية فإن السياسة في العالم تهدف إلى تقصير المسافة الاجتماعية بين الدول ونشر السلام بالطرق الدبلوماسية بدلا من اللجوء إلى القوة والدمار، ولتحقيق التفاهم بين كافة الشعوب لتعزيز المفهوم العالمي الجديد "العالم بمثابة قرية صغيرة" ويعيش العالم كله تحت نظام عالمي واحد محكوم بالأنظمة والتعليمات والتقاليد الدولية التي تكفل تحقيق التفاهم بكافة أشكاله وألوانه.

فالديموقراطية هي سلطة أو حكم الشعب حسب المفهوم اللفظيْ للكلمة والمشتق من اللغة اليونانية، بهذا يكون النظام الديمقراطي هو النظام السياسي الذي يستمد الحكام فيه سلطتهم من اختيار الشعب لهم ورضاه بحكمهم.

مفهوم الديموقراطية:

أولا: المفهوم التقليدي ويتمثل في حكم الشعب لنفسه وأوضح ذلك جان جاك روسو في نظرية العقد الاجتماعي.

- تعريف روسو للتربية: "إن واجب التربية هي أن تعمل على تهيئة الفرص الإنسانية كي ينمو الطفل على طبيعته انطلاقا من ميوله واهتماماته."

- فلسفة روسو التربوية، الفلسفة الطبيعية والتي من أهم معالمها:

أ-الإيمان بحرية الأطفل في التعبير عن نفسه، فالطبيعة الذاتية هي الهدف الأساسي للتربية.

ب- الإيمان بأهمية إشراك الطفل -بعد مرحلة تربوية معينة يكتسبون فيها الخبرة- في وضع القواعد والقوانين واللوائح التي تحكم تصرفاتهم في أنشطتهم التربوية.

- نظرية العقد الاجتماعي تقول:
إن نشأة الدول وقيام السلطة السياسية قد ظهر نتيجة اتفاق أو تعاقد ارتضاه أفراد الجماعة ومعناه بالتالي، أن أطراف هذا العقد هم أفراد الجماعة أنفسهم، وهم الذين يملكون معا تغيير نظام تلك الجماعة.
ونخلص من ذلك إلى أن الديمقراطية بمفهومها السياسي (وهو المفهوم التقليدي) قائم على أساس حقيقتين:
1 -ربط المبدأ الديمقراطي بتصوير خاص للحقوق والحريات الفردية يقوم على منع الدولة من التدخل في العلاقات الاجتماعية (أي بمعنى الرجوع إلى القانون الطبيعي وما تقضي به فطرة الإنسان واحترام كرامته.(
2 - الفصل بين الديمقراطية كنظام سياسي وبين الأوضاع الاجتماعية والاقتصادية في المجتمع.
ثانيا: مفهوم معاصر يمتد بالديمقراطية ويوسع مضمونها لتكون نظاما للحكم وأسلوبا للعمل، هذا يقوم على أساس أن النظام السياسي في المجتمع ليس ظاهرة منعزلة عن غيرها من الظواهر الاجتماعية والاقتصادية والتربوية.
ولقد ظهر المفهوم المعاصر في إطار العوامل الآتية:
1 -ظهور قوى اجتماعية مناهضة في دول الغرب للقوى الاقتصادية التي توجه بدورها المنظمات السياسية توجيها يحمي مصالحها.
2 -ظهور العلم الحديث، فعن طريقه تمكن الفرد من السيطرة على تفكيره وتقديره والإيمان به.
3 - ظهور الفكر الاشتراكي مما أحدث تغيرات أساسية في الفكر الديمقراطي وأساسه الفلسفي ووسائل تطبيقه ومن أهم هذه التغيرات ما يلي:
أ- الإيمان بضرورة تكامل الديمقراطية كنظام سياسي مع الأوضاع الاجتماعية والاقتصادية المحيطة.

ب- تغيير الفهم للأساس الفلسفي للحريات إذ أصبح ينظر إلى حقوق الإنسان في إطار حقوقهم الاجتماعية التي تؤدي إلى التحرر الإنساني الحقيقي عن طريق جعل الأفراد يحسون بقواهم الخاصة ويعملون على تنظيمها باعتبارها قوى اجتماعية.

الديمقراطية كطريقة للحياة:

أي بمعنى أن يتمثل مفهوم الديمقراطية في كونها طريقه للحياة يعيشها كل من الفرد والمجتمع فهي تتمثل في حق الفرد وقدرته على تشكيل قيم للحياة في المجتمع وبهذا يجب أن تجد الديموقراطية جذورها في تفكير الناس وشعورهم وأعمالهم.

مقومات الديمقراطية ومثلها:

1 -احترام الفرد كإنسان: حرية التعبير والممارسة الدينية والمعاملة العادلة وحماية قوانين الدولة للفرد.

2 -موافقة القاعدة على القمة.

3 -توكيد مبدأ الاتصال بين القاعدة والقمة.

4 - تكافؤ الفرص: تتكافأ الفرص من خلال حقوق أساسية للأفراد في التعليم وفق قدراتهم واستعداداتهم، وفي العمل وفق مؤهلاتهم وخبراتهم ورغباتهم، وفي الرعاية الصحية والتأمين ضد العجز وفي عدالة نظام الأجور وساعات العمل والإجازات.

5 - النقد والنقد الذاتي.

6-الأخذ بالمنهج العلمي.

علاقة الديمقراطية بالتربية:

تظهر العلاقة واضحة إذا اتخذت التربية من الفرد وقدراته واستعداداته محورا للعملية التربوية، ولعل أبرز القيم الديموقراطية التي تحتاج إلى معالجة تربوية ما يلي:

1 - الديموقراطية والحرية، المجتمع الديمقراطي هو المجتمع الحر، وهكذا

فإن التربية الديموقراطية تستهدف تحقيق الحرية الإيجابية بإتاحة الفرصة التربوية الصحيحة للأفراد من خلال مراعاة الفروق الفردية وتهيئة جو اجتماعي مشبع بروح المحبة والإخاء والمساواة.

2 - الديموقراطية والاهتمامات المشتركة، وذلك من خلال تكافؤ الفرص والاستفادة من الطاقات الفردية وتحريرها وانطلاقها.

3 - الديموقراطية وسهولة الاتصال، وذلك من خلال تقليل عوامل العزلة الاجتماعية بين أفراده، ومن أهم عوامل العزلة الاجتماعية وجود الطبقات الاجتماعية وذلك لأنها تؤثر تأثيرا سلبيا على وجود الاهتمامات.

4 - تكافؤ الفرص التعليمية، بمعنى أن يجد الفرد الفرص التعليمية المناسبة لميوله واتجاهاته.

معوقات تكافؤ الفرص التعليمية:

يعترض تكافؤ الفرص التعليمية جملة من المعوقات والتي من أبرزها:

1 -المعوقات الاقتصادية

2 -المعوقات الاجتماعية

3 -المعوقات العنصرية

4 -معوقات تتصل بالجنس

مبادئ الديموقراطية:

تقوم الديموقراطية على مجموعة من المبادئ، ومن أهمها:

1 -تقوم على مبدأ المشاركة والالتزام بتقاليد المشاركة في القرار السياسي الجماعي.

2 -تقوم على مبدأ المساواة.

3 -تقدير المقدرة الشخصية والسمعة الحسنة عن هذه المقدرة.

4-عدم الممارسة الحسودة على شؤون بعضنا بل يجب أن تسود المجتمع

روابط وعلاقات المجتمع المدني أي الروابط والعلاقات التي تتخطى الروابط العائلية والعشائرية.

5- احترام القانون - المكتوب منه أو الشرائع غير المكتوبة.

6- عدم التشدد في الأنظمة.

7- توظيف الثروة بما هو نافع وليس بما هو جيد المظهر فقط.

8- التبادل الثقافي الحرية العلمية، فالنظام الديمقراطي قلما يعتمد في استقراره على التطبيق الآلي لمجموعة من المبادئ العامة والقوانين، وإنما يقتضي درجة من التلاؤم والانسجام بين الدولة من جهة وبين الثقافة والقيم والعقائد الشعبية من جهة أخرى.

9- إخضاع السلطات السياسية لضوابط وحدود مؤسسية توازن سلطة الحكم بسلطات أخرى مع الاستقلال الكامل لكل سلطة (مبدأ الفصل بين السلطات.)

10- إن فضيلة النظام الديمقراطي ليس في كونه يؤدي إلى الحكم الأصلح، وإنما فضيلته أنه يقلل الفرص لنشوء الاستبداد الذي يصعب تغيره سلميا بما في ذلك الاستبداد الناشئ من تسلط الأغلبية.

11- التسليم بحق المواطنين في ممارسة الحريات الأساسية مثل حرية القول والتعبير وحرية الاجتماع، وكذلك الالتزام بتقاليد الحوار والاستماع للرأي الآخر باحترام ومعاملة المخالف بتسامح.

التربية ومشكلات المجتمع:

يجمع علماء الاجتماع على أن المشاكل الاجتماعية هي نتيجة حتمية للتغيير الاجتماعي وإنها تنبثق عن المعدلات المتمايزة أو المختلفة للتغيير الاجتماعي أو الثقافي، فالمجتمع دائما متحرك وغير ثابت.

فالاختلاف إذا بين الماضي والحاضر والمستقبل هو الذي يولد ما يسمى بالمشكلات، وما دامت الحياة في تطور مستمر فإن ذلك يتضمن وجود مشكلات

باستمرار، وبالتالي فإن الحلول التي يصطنعها الإنسان لمواجهة هذه المواقف والتكيف معها تعتبر حلولا مؤقتة.

مثال: (تحرير المرأة)، بعد أن حررت أوجدت مشكلة اجتماعية، وهي إعداد الفتاة للحياة العملية، وبعد أن دخلت المرأة إلى مجالات العمل، تولدت مشكلات أخرى تتعلق بنظام الأسرة والزواج وتربية الأطفال...وهكذا.

فالتغير الاجتماعي تصاحبه ظواهر مختلفة يتولد عنها ما يطلق عليه المشكلات الاجتماعية، وعندما يتغير المجتمع لابد من تعديل القيم القديمة وإحلال قيم جديدة محلها، وعندما تبقى القيم على حالها دون تعديل أو نقد ينشأ ما يسمى بصراع القيم والذي قد يخلق عددا من المتناقضات التي ترقى إلى مستوى المشكلات الاجتماعية.

ما علاقة التربية بالمشكلات الاجتماعية؟

يمكن فهم هذه العلاقة من خلال الأمور الثلاثة الآتية:

1- علاقة المشكلة باتجاهات الناس: إن معالجة أي مشكلة كحالة منعزلة دون ربطها باتجاهات الناس حول هذه المشكلة لا تخرج عن كونها معالجة سطحية.

مثال: (أزمة المساكن)، فهذه المشكلة لا تحل ببناء المزيد من العمارات والشقق، وذلك لأنها ترتبط بمشكلة زيادة السكان أو ما يسمى بالانفجار السكاني، وهذا يرتبط ارتباطا وثيقا باتجاهات الناس -نساء ورجالا- نحو عملية الإنجاب، من هنا يأتي دور التربية في معالجة مشكلة زيادة السكان وبالتالي معالجة مشكلة الإسكان من خلال تغيير اتجاهات السكان حول موضوع تحديد النسل.

2- علاقة المشكلة بدرجة وعي الناس بها: فالمشكلة الاجتماعية تعني موقفا اجتماعيا يجذب انتباه أكبر عدد ممكن من الأفراد ويحفزهم على مراجعة مواقفهم وإعادة التكيف عن طريق البحث عن حلول جديدة أو تعديل اتجاهاتهم وأفكارهم، فالمشكلة إذا تنشأ في مجال اجتماعي تحدده وتشكله ظروف الزمان والمكان ولها عمق تاريخي وارتباطات نفسية.

ومن هنا يأتي دور التربية، فإذا كان تحديد المشكلة ووجودها والتعرف عليها يرتبط بوعي الأفراد بها فإن ذلك يعني أن للتربية دورا أساسيا في المشكلة، حيث إن التعليم يعتبر السبيل إلى تحقيق هذا الوعي وتعميقه وإقامته على إدراك للحقائق والظروف الموضوعية.

ويمكن القول أن المشكلات الاجتماعية يمكن تصنيفها في أربع مجموعات:

1 -المشكلات التي تنشأ عن ظروف بيئية مادية سيئة (الفقر والسرقة.(

2 -مشكلات تنشأ عن عيوب في طبيعة السكان وعن اتجاهات غير مرغوب فيها تتصل بالنمو السكاني أو بالتوزيع السكاني وبما يوجد بين السكان من تميز عنصري.

3 -مشكلات تنشأ عن اضطراب وتفكك في التنظيمات الاجتماعية.

4 -مشكلات تنشأ عن صراع بين القيم الاجتماعية واختلاف الآراء حولها.

والتعليم هو الأداة التي تمكن الأفراد من تحديد هذه المصادر والتعرف على أبعادها وعلى علاقة بعضها ببعض.

3 -علاقة المشكلات بقدرة الأفراد على التصدي لها: المشكلات الاجتماعية تأخذ أشكالا مختلفة وعبر مراحل مختلفة، وكل مرحلة من مراحل تطورها تؤثر على ما بعدها من مراحل وعلى ما يحيطها من عوامل. وعلى هذا الأساس لابد وأن تقرر أهمية هذه المراحل كما يلي:

أ- مرحلة الإحساس بالمشكلة والوعي بها، ذلك أن عدم توفر الوعي الكافي بشأن المشكلات الاجتماعية قد يسبب ضياعا في جهود الأفراد والجماعات، ومن هنا أرى بأن التربية الحديثة تهتم بربط التعليم بالبيئة حتى يتعرف الناشئين والشباب بظروف بيئتهم وما يرتبط بها من مشكلات.

ب- تقرير السياسة نحو حل المشكلة، وفي هذه المرحلة عمليا يتم اختيار البدائل لحل المشكلة، وبالتالي يمكن أن نرى كيف يمكن أن تلعب

التربية دورا بارزا في هذا المجال من خلال تثقيف كل الأطراف المعنية بأساليب الدراسة والوصول إلى المعرفة وذلك بكل الوسائل التقليدية من كتب ومحاضرات إلى استعمال الوسائل التكنولوجية الحديثة.

ج- الإصلاح والتنفيذ، في هذه المرحلة يتم تنفيذ السياسة وتطبيقها على أرض الواقع وحيث إن الإصلاح لابد أن يرتكز على رأي عام مستنير يحقق له الاستمرار والفاعلية في حياة الأفراد والجماعات فإن التربية هي التي تتحمل مثل هذا العبء.

مراجع الفصل الثاني

-إبراهيم ناصر. (١٩٨٣). التربية وثقافة المجتمع .دار الفرقان، عمان .
-إبراهيم ناصر. (١٩٩٠). مقدمة في التربية. دار عمار للنشر والتوزيع، عمان، ط٧.
-اخليف الطراونة. (٢٠٠٢ - ٢٠٠٠). محاضرات في جامعة مؤتة حول المدرسة والمجتمع.
-عبد اللـه الرشدان. (١٩٨٧). المدخل إلى التربية. دار الفرقان، عمان .
-عبد اللـه الرشدان، نعيم جعنيني. (١٩٩٤). المدخل إلى التربية والتعليم. دار الشروق، عمان .
-محمد لبيب النحيحي. (١٩٧٦). الأسس الاجتماعية للتربية. مكتبة الأنجلو المصرية، القاهرة، ط٦.
-هربرت ريد. (ترجمة محمد الشبيني). التربية والتعليم في خدمة السلام. مؤسسة المطبوعات الحديثة، القاهرة.

الفصل الثالث

تطور الفكر التربوي عبر العصور

1 -التربية البدائية:

اتسمت التربية في تلك الفترة من الزمن بالتقليد والمحاكاة وكان جوهرها التدريب الآلي والتدريجي والمرحلي، إذ كان يقلد الناشئ عادات مجتمعه، وطراز حياته تقليدا عبوديا خاصا. ونظرا لأن المتطلبات الحياتية لم تكن معقدة وكثيرة، فلم يكن هناك حاجة لمؤسسة معينة كالمدرسة لتقوم بنقل التراث وتدريب النشء. وكان يقوم بالعملية التربوية أو التدريبية وعملية تكيف الأفراد مع البيئة الوالدان. أو العائلة، أو أحد الأقارب، وفي أواخر المرحلة البدائية كان يقوم بها الكاهن أو شيخ القبيلة.

خصائص التربية في المجتمعات البدائية:

1 -كانت العملية التربوية تتميز بالتوزيع إذ شارك فيها الأبوان والأسرة والعائلة.

2 - كانت العملية التربوية متدرجة ومرحلية وتبدأ من مرحلة الأكل إلى مرحلة الرعي ثم مرحلة الفروسية وتعلم شؤون الحرب إلى أن تصل إلى مرحلة الشيخوخة.

3 -كانت تقوم على المحاكاة والتقليد.

أنواع التربية البدائية السائدة في تلك العصور:

1 -التربية العملية وهي تقوم على تنمية قدرة الإنسان الجسدية اللازمة لسد الحاجات الأساسية مثل الطعام والملبس والمأوى، وكان يقوم بها الأبوان والأسرة.

2 - التربية النظرية والتي كان يقوم بها الكاهن أو شيخ القبيلة من خلال إقامة الحفلات والطقوس الملائمة لعقيدة الجماعة المحلية.

2 -التربية في العصور القديمة:

بتطور الحياة وتعقدها، أصبح من الصعب على الوالدين أو العائلة القيام بعملية التربية. من هنا نشأت مهنة جديدة هي مهنة المربين أو الإطار الذي

يرضى عنه المجتمع. وكانت العملية التربوية تتم في الساحات العامة أو أماكن العبادة إلى أن تطورت الأمور ونشأت المدارس النظامية. ومع هذا التحول والتطور ظهرت الكتابة وبدأت الحضارات بتسجيل نظمها وقوانينها وشرائعها. ومن هنا وصلت إلينا بعض المعلومات عن تلك الحضارات القديمة وأساليبها التربوية وطرقها في نقل التراث وتطبيع الأفراد بطابع الجماعة. ومن الأمثلة على التربية في العصور القديمة ما يلي:

أ- التربية عند الصينيين:

اللغة الصينية من أقدم اللغات المعروفة والمكتوبة، تلك اللغة التي كانت تقوم على الرموز التي تمثل أفكارا معينة وليست حروفا تكون كلمات أو مفاهيم. وكانت الغاية من التربية هي تعريف الفرد على صراط الواجب، وكانت وظيفتها تقوم بالمحافظة على أعمال الحياة وما يتعلق بها من عادات وتقاليد والسير بموجب هذه المعلومات. وكان ذلك يتم عن طريق المحاكاة والتقليد والإعادة والتكرار. وظل الأمر كذلك إلى أن جاء كونفوشيوس وأوجد مفهوما جديدا للتربية والتي تهتم بدارسة الفضيلة وخدمة الأقارب وأدب اللبس وأشياء أخرى كثيرة في شؤون الفلسفة الروحية. وكان كل ذلك يتم عن طريق المدارس التي كانت تهتم بنظام الامتحانات التي يدخلها التلميذ.

وتقسم تلك الامتحانات إلى ثلاثة أقسام:

1 -امتحانات الدرجة الأولى وتجري كل ثلاثة أعوام وهي عبارة عن كتابة ثلاث رسائل مختارة من كتاب كونفوشيوس ويوضع الطالب أثناء الامتحان في غرفة خاصة لمدة (٢٤) ساعة.

2 - امتحانات الدرجة الثانية وتجري بعد أربعة أشهر من الامتحانات الأولى وهي تشبه الامتحانات الأولى إلا أنها تستمر ثلاثة أيام.

3 -امتحانات الدرجة الثالثة والتي تقام في العاصمة وتدوم ثلاثة عشر يوما.

طبعا نسبة النجاح في هذه الامتحانات قليلة، إلا أنها المعيار الذي يختار بناء عليه موظفو الحكومة. والناجح في كل هذه الامتحانات يكون موضع ثقة الشعب

واحترامه. وكان الناجحون يرتدون لباسا خاصا بهم، ولهم أوسمة يحملونها، ولهم الصدارة في الحفلات والاجتماعات والأعياد الرسمية.

ب- التربية عند بني إسرائيل:

قبل ظهور المسيحية، كانت التربية لدى العبرانيين تربية أسرية منزلية، ولم تكن لديهم أي مدارس نظامية. وكان المجتمع الإسرائيلي الأول يجهل معنى أي نظام اجتماعي سوى الأسرة ولا يتخذ رئيسا سوى الإله.

وكان الفتيان يتعلمون القراءة والكتابة، أما الفتيات فكن يتعلمن الغزل والحياكة وتهيئة الطعام ورعاية شؤون المنزل والغناء والرقص. وظلت التربية العبرية تقتصر على الأسرة، وعلى التعليم الخلقي والديني والقومي.

أما بعد ظهور المسيحية، فقد أنشأ العبرانيون المدارس لأول مرة لأنهم أرادوا أن يثبتوا ثقافتهم وينشروا مبادئهم وأصبح أطفالهم يتعلمون في المدارس القراءة والكتابة والتاريخ والهندسة والفلك.

ج- التربية عند المصريين القدماء:

اتسم المجتمع المصري القديم بالانتظام والاستقرار النسبي نظرا لأن مجتمعهم كان مجتمعا زراعيا. وكان للدين أثر واضح في أوضاع المجتمع المصري القديم، لأن عقائد المصريين الدينية حصرت سعادة المرء في آخرته، لذا اهتم المصريون اهتماما كبيرا في التربية، وكان المصريون يرون أن المعرفة وسيلة لبلوغ الثروة والمجد وكانوا ينظرون إلى مهنة التدريس باحترام وتقدير.

ومن ناحية السياسة، فقد شهدت مصر القديمة تطورا واضحا في النظم السياسية منذ أيام توحيد البلاد في عهد "مينا" وقد ساعد هذا التوحيد على قيام نهضة مصرية شاملة في جميع النواحي.

أما النظام التربوي فكان يقسم إلى ما يلي:

1 - مراحل تعليم أولية للأطفال في مدارس ملحقة بالمعابد أو في مكان خاص بالعلم.

2- مرحلة متقدمة وهي عبارة عن مدارس نظامية يقوم بالتعليم فيها معلمون أخصائيون، إلا أنها كانت تقتصر على أبناء الفراعنة والطبقة الأولى والخاصة.

3- مرحلة التعليم المهني.

4- مرحلة التعليم العالي، إذ كان لديهم جامعات تدرس علوم الرياضيات والفلك والطب والهندسة...

د- التربية عند اليونان والرومان:

على النقيض من التربية الشرقية (كالصينية) التي تميزت بالجمود وبروح المحافظة فإن التربية الغربية كتربية اليونان والرومان قد تميزت بروح التجديد والابتكار والحرية الفردية. وكانت غاية التربية أن يصل الإنسان إلى الحياة السعيدة الجميلة ويكون ذلك بوصوله إلى الكمال الجسمي والعقلي. وكان الإغريق هم أول من تناول التربية من زاوية فلسفية وكانت التربية محور اهتمام فلاسفة أثينا حتى أن البعض يرى بأن الثقافة والأفكار اليونانية هي أساس معظم الثقافات التي ظهرت في أوروبا.

أما بالنسبة للتربية عند الرومان فإنه بالرغم من التشابه الكبير بينها وبين التربية اليونانية إلا أنه كانت هناك فروق جوهرية بين الثقافتين. فقد استفاد الرومان من الابتكارات والنظريات لتحسين أحوالهم المادية المحسوسة في حين أن فلاسفة اليونان بحثوا عن الغاية من الحياة ولم يطبقوا ما توصلوا إليه بصورة عملية. أيضا لم يكن للدين أثر في التربية اليونانية إلا أنه كان للدين أثر كبير على الرومان. والتربية اليونانية تربية علمية فنية مثالية في حين أن التربية الرومانية كانت عملية مادية نفعية. وأخيرا كان غاية التربية عند الرومان هي خلق الفرد المتمرس في الفنون العسكرية، المتدرب على الشؤون الحياتية العلمية.

هـ- التربية عند العرب:

هذه الحقبة من الزمن التي سأتحدث عنها هنا هي عن العرب قبل الإسلام.

كان العرب في الجاهلية ينقسمون إلى قسمين كبيرين هما البدو والحضر. وكانت العائلة هي أهم وسائط التربية عند العرب وخاصة البدو منهم. وكان أهم ما يتعلمه البدوي هو الصيد والرماية والقنص وإعداد آلات الحرب... إلخ، بالإضافة إلى تعلم القتال لردع الأعداء ومنازلة الوحوش الصحراوية وكانت الوسيلة التربوية المتبعة في ذلك كله هي المحاكاة والتقليد أو طريقة النصح والإرشاد من كبار السن وشيوخ العشائر. وكما هو معروف فالبدو قوم رحل ينتقلون في طلب الرعي والمياه. لذلك فقد كان تأمين معاشهم همهم الأكبر.

وقد عرف البدو من أنواع المدارس (الكتاتيب) وكانوا يتعلمون بها القراءة والكتابة والحساب. وكان لهم أسواق ومجالس أدب تشبه في كثير من الوجوه الأندية اللغوية والمجامع العلمية التي نعرفها اليوم. ومثال على الأندية، أو مجالس الآداب نادي قريش، أما الأسواق فأشهرها سوق (عكاظ) قرب مدينة الطائف.

أما الحضر، فكانت لهم مدنهم وحضارتهم وبالتالي مؤسساتهم ومدارس ومعاهد للتربية والتعليم. وكانت تربيتهم تهدف إلى تعلم الصناعات والمهن. وكان أطفالهم يدرسون في المرحلة الأولى الهجاء والمطالعة والحساب وقواعد اللغة، وفي مرحلة التعليم العالي يدرسون فنون العمارة والهندسة والفلك والطب...إلخ.

إلا أن هدف التربية العربية الأسمى كان بث روح الفضيلة وغرس الصفات الحميدة كالشجاعة والإخلاص والوفاء والنخوة وإكرام الضيف وتنمية القوى الجسدية للأفراد وخلق المحاربين والغزاة.

وهناك نصوص مدونة تدل على معرفة العرب بأدوات الكتابة وقدرتهم على استخدامها. أما وسيلة التعليم فكانت الرواية والتي حظيت بأهمية كبيرة في نقل المعرفة وتبادل الثقافات.

فما دامت المجتمعات تتغير وتتطور وما دامت الأهداف والمثل وطرائق الحياة تتطور، فإنه من الطبيعي أن تتغير أهداف التربية وطرائقها وغاياتها ومناهجها. لهذا فقد سعت التربية إلى الأخذ بأسباب التقدم والنهوض لتحقيق أهدافها السياسية والاجتماعية والاقتصادية. فقامت بداية بمحاربة الأمية والتحرر من قيود الماضي، والسعي الحثيث وراء التقنيات المعاصرة والتقدم العلمي بكافة المجالات، والارتقاء بالتربية مفهوما وعملا، وبدلا من حصرها في إعداد المواطن الصالح أصبح الاهتمام منصبا على خلق الإنسان الصالح، وهذا الأمر يتطلب تظافر جهود البيت والمدرسة والنادي وكافة الوسائط التربوية الرسمية وغير الرسمية. ومن ضمن الأهداف التربوية أيضا تحقيق مفهوم العدالة الاجتماعية والديمقراطية والسلام والتوسع في تعليم المرأة والاهتمام بالشؤون البيئية والصحية بشكل عام. هذا إضافة إلى تعميق مفهوم أصالة التراث في أذهان الأجيال الجديدة ومحاولة تنقيته مما علق به من شوائب لنقله إلى الأجيال القادمة.

3 -التربية في العصور الوسطى: من نهاية القرن الخامس إلى حوالي نهاية القرن الخامس عشر:

أ- التربية المسيحية:

أثرت ولادة سيدنا "عيسى" عليه السلام على المجتمع الروماني تأثيرا كبيرا، إذ كان لها كبير الأثر على نقل السلطة الرومانية من المستوى المدني الدنيوي إلى المستوى الروحي. وكان هدف الدين المسيحي هو تخليص المجتمع والعالم بأكمله من النظام الوثني الفاسد، لهذا رأت الكنيسة أن عملية الإصلاح لا تتم إلا من خلال تغير الأفراد أنفسهم وبهذا اصطبغت التربية المسيحية بالصبغة الدينية الصرفة والتي بدأت من الأسرة ثم الكنيسة، وبقي الحال كذلك إلى أن أضيفت تربية دنيوية وحيدة وهي الفروسية وذلك في عصر الإقطاع الزراعي على يد بعض الأباطرة والملوك الأقوياء. ولم يسمح للمسيحيين بإنشاء مدارس إلا بعد أن ظهر رجال أقوياء منهم وأثروا على أباطرة الرومان وقاموا بإنشاء

مدارس خاصة بهم إلى جانب المدارس الرومانية الوثنية، وبالتدريج انتقلت سلطة المدارس الرومانية إلى الكنيسة بموجب قرار عام ٣١٣ م وبقي الحال كذلك لفترة طويلة من الزمن. إلا أن التعليم في هذه الفترة كان مقصورا على رجال الكنيسة وأبناء الطبقات العليا فوصلت دول أوروبا المسيحية في ذلك الوقت إلى عصر الظلم والانحطاط.

ب- التربية الإسلامية:

بعد أن كانت التربية قبل الإسلام مقتصرة على تعليم الأطفال القراءة والكتابة وقليلا من الحساب، جاء الإسلام بتربية جديدة، فحض على التعليم. وقد حرص القرآن الكريم والرسول عليه الصلاة والسلام على حض المؤمنين على طلب العلم. قال اللـه تعالى {قل هل يستوي الذين يعلمون والذين لا يعلمون} {وقل ربي زدني علما} وقال (الرسول صلى اللـه عليه وسلم): "طلب العلم فريضة على كل مسلم ومسلمة". وكانت التربية الإسلامية تربية خلقية، جسدية، تهتم بأخلاق الفرد، وتنمية القوى الجسدية وخلق المحارب وبث روح الفضيلة وغرس الصفات النبيلة عنده كالإخلاص والوفاء والنجدة وكرم الضيافة.

ويقول (الرسول صلى اللـه عليه وسلم) في التربية: "لاعب ولدك سبعا وأدبه سبعا واصحبه سبعا ثم اتركه بعد ذلك"، وهذا القول يعتبر منهجا تربويا كاملا وتقدميا.

ولقد استفاد المسلمون من الثقافات القديمة فأضافوا إليها الكثير من تعاليمهم وفلسفتهم وطرق حياتهم. وجوهر التربية الإسلامية نابع من الفلسفة الدينية الإسلامية وهي أن الإسلام ليس مجرد شريعة ودين، وإنما هو فلسفة كاملة وطريقة حياة شاملة تدعو العقول للعمل والتفكير.

ولم تكن المدارس بالمفهوم الحديث موجودة في العصر الإسلامي فقد كان التعليم يتم في المساجد والكتاتيب أو حوانيت الوراقين.

وهكذا كانت للتربية الإسلامية مكانة واضحة وملحوظة في هذا الإطار الحضاري، وكان لها أصولها التي جاءت من العصور الجاهلية القديمة وتبلورت بالإسلام الذي رفعها إلى التطور والتقدم والإنتشار.

أسس التربية الإسلامية:

تقوم التربية الإسلامية على مجموعة عامة من المبادئ والأسس التي من أهمها:

1 - علاقة الإنسان بالكون والطبيعة. وهي مبادئ الخلق الهادف والوحدة والاتزان.

2 - علاقة الإنسان بأخيه الإنسان وبالخالق. فهي علاقة عبودية بمعنى كمال الطاعة لكمال المحبة للخالق, أما العلاقة مع بني الإنسان فهي تتصف بالعدل والإحسان .

3 - علاقة الإنسان بالحياة الدنيا والحياة الآخرة. فالحياة مخلوقة للإنسان قبل أي مخلوق آخر. وعلاقة الإنسان بالحياة علاقة ابتلاء أي علاقة اختبار وامتحان في الحياة الدنيا. أما علاقته بالحياة الآخرة فهي علاقة مسؤولية وجزاء.

مفاهيم عامة في التربية الإسلامية:

- الغرض من التربية الإسلامية (ديني - دنيوي - روحي – مادي).

- الغاية من التربية الإسلامية هي إيجاد الشخصية القوية المفكرة الصالحة الواعية، التي تزود الناس بالعلوم والمعارف المتعلقة بشؤون الحياة، وإسعاد الناس. والغاية القصوى لها هي الحكمة، والحكمة هي معرفة الله سبحانه وتعالى.

- الفلسفة الإسلامية تقوم على التجربة والملاحظة، وما هو واقع وملموس في هذا الكون الواسع الفسيح.

- مكانة العلم في الإسلام مكانة عالية، فالعلماء في نظر الإسلام هم ورثة الأنبياء.

- الفلسفة الإسلامية لا تبحث في العلم أو التعليم فقط، ولكنها تدعو إلى التربية أيضا: "لاعب ولدك سبعا، وأدبه سبعا، واصحبه سبعا، ثم اتركه بعد ذلك."

ميزات وخصائص التربية الإسلامية:

1- ترفع قيمة المعلم والاهتمام بالتعليم.

2- تمزج العلم بالعقيدة وذلك حتى يكون العلم نافعا، وموجها لفعل الخير.

3- تربط العلم بحاجات البشر، من أجل اشباع الهدف الديني والدنيوي في آن واحد.

4- تشيد بالعقل لأنه وسيلة العلم والمعرفة والأداة الرئيسية لبلوغها.

5- تهتم بالفروق الفردية.

6- تهتم بعلوم الدين والدنيا فهي تربية دينية ودنيوية معا.

7- تدعو إلى استمرارية التعليم وطلب العلم لأنها تربية مستمرة ومستديمة غير مقصورة على سن أو فترة معينة لقوله صلى الله عليه وسلم: "اطلبوا العلم من المهد إلى اللحد."

8- تهتم بتربية الروح والعقل والجسد على السواء.

9- تهدف إلى ايجاد الإنسان الصالح وليس المواطن الصالح.

10- تتميز بمرجعية ثابتة محفوظة من التزوير أو التأويل ومتمثلة بكتاب الله سبحانه وتعالى وبسنة رسوله محمد صلى الله عليه وسلم.

4- التربية في العصور الحديثة (عصر النهضة):

كان لهذه النهضة الأثر الكبير بإيجاد نظام جديد ليخدم ظهور الدول الحديثة، وظهور تنظيمات سياسية (مركزية ولا مركزية) والسعي إلى النمو الاقتصادي، والتغير الاجتماعي الذي حدث بعد أن كانت النظم الفكرية في العصور الوسطى الأوروبية تقوم على حركة الأديرة والنظام الكنيسي في التعليم. فالحاجة إلى التعليم إذا جاءت لتخدم تلك الدول الحديثة وتساعدها في نشر ثقافتها والسيطرة على عملية التربية.

وقد تميزت هذه الفترة بالسمات التالية:

أ- استبدلت الأبحاث اللفظية الجدلية بالأبحاث الواقعية العملية.

ب- أصبحت التربية تقيم وزنا للصحة الجسدية والنفسية، وتعنى بتدريب الجسم كما تعنى بإطلاق سراح العقل وتحريره من قيوده.

ج- صارت تهدف إلى تكوين الإنسان ككل في جسمه وعقله وذوقه.

ومن أهم نتائج عصر النهضة والثورة الفكرية: ظهور التربية الواقعية. فاتجهت الأنظار إلى اللغات وآدابها، وإلى الدين وإصلاحه في القرنين الخامس عشر والسادس عشر، أما في القرن السابع عشر فقد تحولت الأنظار إلى البحث عن الحقيقة. وفي القرن الثامن عشر بدأت الروح العلمانية تظهر ظهورا واضحا، إذ امتازت التربية في هذا القرن بنزعتها النقدية الاصلاحية حتى ظهرت النزعة التربوية القومية وفكرة التربية الشعبية العامة. ثم بعدها ظهرت النزعة الطبيعية على يد جان جاك روسو والتي تعتبر الغاية من التربية هي تنمية مواهب الطفل واستعداداته الطبيعية بطريقة سليمة، أما في القرن التاسع عشر فقد أصبحت التربية علما يقوم على أسس عقلية عملية، ظهرت الأبحاث والدراسات التربوية المختلفة والمتنوعة. وفي القرن العشرين ظهرت فلسفات تدعو إلى تغير إطار المدرسة التقليدي -إطار الصف والمعلم- داعية إلى إضافة الوسائل التربوية والمخترعات الحديثة في العملية التربوية، حيث أصبحت التربية عملية مستمرة ودائمة ولا تقتصر على مرحلة الطفولة أو المدارس دونما فرق بين طبقة وأخرى أو جنس وآخر.

5 -التربية المعاصرة:

تحتل التربية المعاصرة مكانا لم تحتله في أي عهد من العهود، وهذا يلاحظ من خلال ما يوليه رجال السياسة والفلسفة والعلم والفكر من اهتمام بالعملية التربوية. ويعتمد كثير من رجال الفكر على التربية في نشر أي فكرة أو معتقد جديد أو مبدأ من المبادئ أو فلسفة من الفلسفات. ويرى علماء العصر الحديث أن العملية التربوية عبارة عن عملية تفاعل بين المربي والمتربي ليصلا معا إلى الهدف التربوي.

مميزات التربية المعاصرة:

1 -أصبحت التربية متقدمة على التعليم وأعطيت أهمية أكبر.

2- أصبح الطفل أو الإنسان الفرد هو محور التربية وليس المادة الجامدة أو المنهاج الموضوع.

3- أصبحت المدارس متكيفة مع الحياة متمشية مع الطبيعة، مثال: نشأت المدارس في وسط الحدائق، المدارس المنتجة، مدارس المجتمع وغيرها.

4- أصبحت التربية فردية اجتماعية ثقافية وذلك من خلال اهتمامها بالفرد كإنسان لكي يحقق نموه الإنساني.

5- تعاونت التربية مع علم النفس وعلم الاجتماع لكي تطبع الإنسان بطباع الجماعة والمجتمع الذي يعيش فيه.

6- أصبحت التربية الحديثة ميدانية حياتية، تعتمد على المواقف والممارسات اليومية وطرحت التطبيق العملي لمواجهة الحياة المتغيرة والمخترعات والاكتشافات الحديثة.

7- أصبحت التربية عامة وذلك بتربية كل أفراد المجتمع من الجنسين لكي يجاروا الحياة المتطورة والمتقدمة .

8- التوسع في الحركة المدرسية وذلك بأن تؤثر المدرسة في البيت والمجتمع وأن تكون مناهجها مرتبطة بالحياة وليست بعيدة عنها.

9- الاهتمام بالكيف التربوي أكثر من الكم التربوي.

10- الاهتمام بعالمية التربية وذلك بالتوسع في الهدف التربوي، وأن يكون الهدف التربوي هو إعداد الإنسان الصالح لكل مكان وليس المواطن الصالح لوطنه فقط، وهذا لا يعني إلغاء التربية الوطنية، ولكن التوسع في الانتماء من القطرية إلى القومية فالعالمية الإنسانية.

11- استعمال الأساليب الحديثة والمتطورة وذلك باستعمال الأدوات والأجهزة والمخترعات الحديثة في العملية التربوية.

مراجع الفصل الثالث

-إبراهيم ناصر. (١٩٩٠). مقدمة في التربية. دار عمار للنشر والتوزيع، عمان ط٧.

-إبراهيم ناصر. (١٩٩٢). علم الاجتماع التربوي. دار الجيل، بيروت.

-حسن الحياري. (١٩٩٣). أصول التربية في ضوء المدارس الفكرية. دار الأمل، اربد.

-عبد الله الدايم. (١٩٨٤). التربية عبر العصور. دار العلم للملايين، بيروت.

-فاخر عقل. (١٩٧٣). التربية .. قديمها وحديثها. دار العلم للملايين، بيروت.

-محمد منير مرسي. (١٩٩٢). تاريخ التربية في الشرق والغرب. عالم الكتب، القاهرة.

-محمود السيد سلطان. (١٩٩٦). مسيرة الفكر التربوي عبر التاريخ. دار الحسام للطباعة والنشر والتوزيع، القاهرة، ط٤.

الفصل الرابع

فلسفات التربية الكبرى

معنى الفلسفة:

الفلسفة تعني الحكمة، والحكمة هي إدراك الأشياء على ما هي عليه إدراكا يقينيا، وقد تعني العلم الذي يراد منه الوصول إلى أكمل حياة ممكنة. وقد تفهم على أنها موقف دهشة أو موقف تساؤل أو استفسار أو تعجب يثيره العقل البشري عن ظواهر الحياة وموضوعاتها العديدة .

تعريف فلسفة التربية:

تعددت تعاريف فلسفة التربية، ولكن يمكن تلخيص أهمها بما يلي:

-النشاط الفكري الذي يتخذ الفلسفة وسيلة لتنظيم العملية التربوية وتنسيقها وانسجامها وتوضيح القيم والأهداف التي ترنو إلى تحقيقها .

-تطبيق المعتقدات والمبادئ التي تقوم عليها الفلسفة العامة في معالجة المشكلات التربوية العلمية .

-إنهاء ذلك النشاط الذي يقوم به المربون والفلاسفة لتوضيح العملية التربوية وتنسيقها ونقدها وتعديلها في ضوء مشكلات الثقافة وتناقضها .

الفيلسوف التربوي:

هو ذلك الإنسان الذي يحاول البحث عن الحق والحقيقة في المسائل والمشكلات التي لها صلة بالعملية التربوية، ويسعى جاهدا لتأصيل المفاهيم التربوية، ولمعرفة الأسباب الحقيقية للمشكلات التربوية .

خصائص التفكير الفلسفي والعلمي:

يعد التفكير نشاطا ذهنيا وهو خاصة إنسانية تنصب على موضوع له طبيعة، فإن كانت له طبيعة علمية سمي تفكيرا علميا، وإن كانت له طبيعة فلسفية سمي تفكيرا فلسفيا، وإن كانت له طبيعة دينية سمي تفكيرا دينيا وهكذا. والتفكير الفلسفي هو نشاط ذهني يقوم به العقل في سبيل تفسير موضوع من موضوعات الحياة بمنهج يستند إلى معرفة عقلية تتضمن شروطا معينة من

المعاني والمصطلحات والمستوى والحكمة والعقلانية والتنظيم والمنطق لغرض زيادة وعي الإنسان لنفسه وإدراك معنى وجوده ومعرفة مكانته في العالم .

خصائص التفكير العلمي:

1 - يتناول قضايا موضوعية لا شخصية وهي موضوعات عالمية .

2 - حر لا يتقيد بأية سلطة دينية .

3 - موضوعي يستند إلى الواقع المحسوس في كل نتائجه .

4 - تفكير نقدي يعتمد الضبط والمراقبة والدقة والصراحة والتخصص.

5 - ينصب على قضايا جزئية قابلة للقياس .

6 - إن العالم لا يلاحظ الظواهر لكي يصف ويستغلها في التحليل .

7 - يتوقف العالم عند العلل المباشرة ويفسر الظواهر بعضها ببعض .

8 - إن الوجود في نظر العلم هو الطبيعة .

9 - يعتمد منهجية البحث : الملاحظة، التجريب، والأدوات والقياس .

10 - إن العلم لا يرتبط بالإنسان العالم الذي يبحث فيه.

11 - إن الروح العلمية روح شخصية تعرف الأكثر من الأقل.

12 - إن الحقيقة العلمية واحدة بالنسبة إلى الجميع.

خصائص التفكير الفلسفي:

1 - يتناول قضايا ذاتية وميتافيزيقية.

2 - يعتمد على سلطة العقل وشهادة التجربة البشرية.

3 - تفكير نقدي يعتمد على التحليل المنطقي.

4 - يقوم على نزعة عقلية صورية مجردة وكلية.

5 - ينصب على قضايا كلية لا تقبل النقاش.

6 - انه لا يستدعي التخصص ولا يرتبط بمصير الشخص من حيث هو إنسان.

7 - إن الفيلسوف يلاحظ لكي يفهم ويرشد أو يوجه.

8 - يبحث الفيلسوف عن العلل والأسباب النهائية وراء الظواهر المختلفة.

9 - الوجود في نظر الفلسفة هو الروح.

10 - إن الموضوعات الفلسفية تؤثر في أخلاقيات الإنسان ولهذا يصعب تقبل نتائج الفلسفة.

11 - منهجية البحث: التأمل والتحليل المنطقي وأدواته الكلمات من حيث المستوى والدقة.

12 - إن الفيلسوف يرتبط كل الإرتباط بالفلسفة التي ينادي بها.

13 - إن الروح الفلسفية روح تعميمية تعرف الأقل من الأكثر.

14 - إن الحقيقة الفلسفية لها وجوه مختلفة ولا تقبل أن تبلغ بصورة واحدة.

موضوعات الفلسفة وميادينها:

يمكن تلخيص المواضيع أو الميادين التي تدرسها الفلسفة بما يأتي:

1 - علم الميتافيزيقا" (Metaphysics)ما وراء الطبيعة."

وهو العلم الذي يبحث بالوجود العام وعن طبيعة الحقيقة النهائية ويشمل هذا العلم الموضوعات التالية:

أ- الكوزومولوجيا"Cosomology" ويبحث في طبيعة الكون وتركيبه وتفسير أصله وتطوره وتفسير ما فيه من مبادئ ومفاهيم مثل: ما العلم؟ وكيف نشأ؟ وكيف تطور؟ ولماذا وجد؟ وما طبيعة المكان والزمان؟...إلخ.

ب- علم الوجود/ الأنطولوجيا "Ontology" يبحث هذا العلم في الوجود، وما علاقة الأشياء المدركة بالقوى التي تدركها، كما ويبحث في أحوال الإنسان وطبيعته ووجوده في العالم وما فيه من مواقف جدية: مثل الوجود والماهية، والحرية، والألم والموت، والخطيئة والكفاح... إذا فهو العلم الذي يبحث في: هل الوجود مادي أم روحي؟ أم مزيج من الروح والمادة؟.

جـ- الله سبحانه وتعالى : ويشمل البرهنة على وجوده بالعقل.

د- التيلولوجيا "Teleology": ويبحث هذا العلم في العلل الغائية التي ترى أن الكون منظم على أساس غايات ومقاصد وعليه فإن تفسير الحوادث يكون على أساس نتائجها وليس على أساس سوابقها.

2-نظرية المعرفة (الابستمولوجي."Epistomology")

وهذا العلم يتناول:

أ- البحث في إمكان المعرفة وصدورها، مثل المعرفة الممكنة.

ب- البحث في مصادر المعرفة ومنابعها، مثل ما هي طريقة المعرفة، العقل، أم الحواس؟

ج- البحث في طبيعة المعرفة وحقيقتها، وهل المعرفة ذات طبيعة عقلية، مثالية أم ذات طبيعة تجريبية واقعية؟

د- كما وأن هذا العلم يبحث في علاقة الأشياء المدركة بالقوى التي تدركها.

3- فلسفة القيم أو الاكسيولوجي."Axiology"

ويمكن التمييز هنا بين نوعين من القيم:

أ- قيم نسبية متغيرة تطلب كوسيلة إلى غاية أبعد منها مثال: الثروة.

ب- قيم مطلقة ثابتة ينشدها الإنسان لذاتها. مثال: السعادة.

وهذا العلم يتناول بحث المثل العليا والقيم المطلقة (الحق، الخير، الجمال) من حيث ذاتها لا باعتبارها وسائل لتحقيق غايات، أي أنه لا يدرسها من حيث أنها علوم معيارية تبحث فيما ينبغي أن يكون وليس علوما وضعية تقتصر دراستها على البحث فيما هو كائن، وهذا العلم يشتمل على الموضوعات التالية:

أ- علم المنطق :"Logic" يضع القواعد التي تعصم مراعاتها العقل الوقوع في الزلل، أي يبحث فيما ينبغي أن يكون عليه التفكير السليم.

ب- علم الأخلاق :"Ethics" يضع المثل العليا التي ينبغي أن يسير سلوك الإنسان بمقتضاها، أي تبحث فيما ينبغي أن تكون عليه تصرفات الإنسان.

جـ- علم الجمال ":Aesthetics" يضع المستويات التي يقاس بها الشيء الجميل، أي يبحث فيما ينبغي أن يكون عليه الشيء الجميل.

وهذه العلوم الثلاثة تؤلف ما نسميه فلسفة القيم.

4- فلسفة العلوم المختلفة:

وهي الروح الفلسفية التي تتناول أي علم أو معرفة بمستوى من البحث وهي لا تقنع بالمظاهر ولا تحرص على الروابط الظاهرة بقدر ما تحرص على الكشف عن الأسباب العميقة والجذرية التي تتسع لتفسير أكبر قدر من الظواهر. مثال: فلسفة التاريخ، فلسفة اللغة... فإذا درس التاريخ مثلا من ناحية غير فلسفية فإن الدراسة ستقتصر على سرد الأحداث التاريخية فقط، أما إذا درس من ناحية فلسفية فإن الدراسة ستتجه حتما إلى اكتشاف القوانين التي تسير عليها الأحداث في التاريخ والمبادئ العامة التي يخضع لها التطور السياسي والحضاري... وفي حال دراسة اللغة فبدلا من الاقتصار على دراسة الأصوات واللهجات فإن فلسفة اللغة تدعو إلى دراسة الفرق بين اللغة والفكر وبين اللغة والمنطق... وهكذا.

الاتجاهات الفلسفية في أنماط القيادة:

صنف كل من كلارنس أ. نيول وتيسير الدويك أنماط القيادة في ثلاثة أنماط هي:

أولا- القيادة الديموقراطية :

وتتميز هذه القيادة بما يلي:

أ- من حيث القائد: يشترك في مناقشات الجماعة ويشجع الأعضاء على المناقشة والتعاون أو يترك للجماعة حرية توزيع العمل بين الأفراد ويشجع النقد الذاتي، ولا يصدر الرئيس الأوامر إلا بعد مناقشة الأمور مع ذوي العلاقة، وعادة تتم القيادة من خلال الترغيب لا التخويف.

ب- من حيث الأفراد: يشعر كل منهم بأهمية مساهمته الإيجابية في التفاعل الاجتماعي، ويترك أمامهم حرية الاختيار، وهم أكثر اندفاعا وحماسا للعمل، ويفيد كل منهم حسب قدراته. والجماعة أكثر تماسكا، وارتباطا ودواما، والشعور بـ(نحن) قوي، والروح المعنوية مرتفعة.

جـ- من حيث المناخ الاجتماعي: تشبع حاجات القائد والأعضاء، ويسود الاحترام المتبادل بين القائد والأعضاء وتحدد السياسات نتيجة المناقشات الجماعية.

د- من حيث السلوك الإجتماعي : يميزه الشعور بالاستقرار والمسالمة والراحة النفسية .

هـ- إذا ترك القائد مكانه، أو تنحى كان الإنتاج والعمل في غيابه مساويا للعمل والإنتاج والنشاط في حضوره.

ثانيا - القيادة الاتوقراطية (الدكتاتورية أو الاستبدادية:(

وتتميز بما يلي:

أ- من حيث القائد: يحدد بنفسه السياسة تحديدا كليا، ويملي خطوات العمل وأوجه النشاط ويحدد نوع العمل لكل فرد، ويعطي أوامر كثيرة تعارض رغبة الجماعة، ويظل محور انتباه الجماعة.

ب- من حيث الأفراد: ينفذون خطوات العمل خطوة خطوة بصورة يصعب معها عليهم معرفة الخطوات التالية أو الخطة كاملة، وليس لهم حرية الاختيار لرفاق العمل، بل يعين القائد العمل ورفاق العمل.

جـ- من حيث المناخ الإجتماعي: دكتاتوري استبدادي (أتوقراطي وتسلطي) تبنى فيه العلاقة بين القائد والأعضاء على الإرغام.

د- من حيث السلوك الإجتماعي: يميزه روح العدوان والسلوك التخريبي وكثرة المنافسة والخنوع والسلبية والعجز واللامبالاة. يشعر الأفراد بالقصور ويزداد اعتمادهم على القائد، ويسود التملق والتزلق للقائد، وتسود حدة الطبع وانخفاض الروح المعنوية.

هـ- إذا ترك القائد مكانه، أو تنحى حدثت أزمة شديدة قد تؤدي إلى انحلال الجماعة أو الهبوط بالروح المعنوية لها.

ثالثا - القيادة التسيبية الفوضوية:

وتتميز بما يلي:

أ- من حيث القائد: محايد، لا يشارك بحد أدنى من المشاركة وإظهار الاستعداد والمعاونة، ويترك الحبل على الغارب للفرد والجماعة، ولا يسعى لتحسين العمل، ولا يحمد ولا يذم.

ب- من حيث الأفراد: يختارون الأصدقاء ورفاق العمل بحرية تامة، وتترك لهم الحرية باختيار الأهداف وتحديدها، ولهم الحرية والاستقلال في إنجاز العمل.

جـ- من حيث المناخ الاجتماعي: فوضوي، حيث يتمتع فيه أفراد الجماعة والقائد بحرية مطلقة دون ضابط.

د- من حيث السلوك الاجتماعي: يتميز بالثقة العالية المتبادلة والود بين الأفراد بعضهم بعضا، وبينهم وبين القائد متوسطة، والتذمر والقلق بدرجة متوسطة.

هـ- إذا ترك القائد مكانه أو تنحى، فقد يكون الإنتاج في غيابه مساويا أو أقل أو أكثر مما لو كان موجودا، حسب ظروف التفاعل الاجتماعي.

فلسفات التربية:

أولا: الفلسفة التقليدية زTraditionalismس.

وتضم هذه الفلسفة الفلسفات التالية:

أ- الفلسفة المثالية زIdealismس:

المؤمنون بهذه الفلسفة أمثال أفلاطون، ديكارت، سبونوزا، بيركلي، كانت وهيغل، يفترضون وجود أفكار عامة ثابتة ومطلقة وهذه الأفكار وجدت بطريقة ما، وهي كل ما هو حقيقي، أما عالم الخبرات اليومية فليس هو العالم الحقيقي. ومن هنا ظهرت النظرة الازدواجية لطبيعة الأشياء ومن ضمنها التربية. فهناك عالم الأفكار العلوي وعالم التجربة اليومي، وقمة الحكمة هي

الوصول إلى كمال الفلاسفة والانتقال إلى عالم الأفكار العلوي، العالم الحقيقي والأعقد من أن يفهمه الإنسان العادي.
ويسير منهج التربية في الفلسفة المثالية على مبدأ إبقاء القديم على قدمه، وعدم قابلية المنهاج المثالي للتطور، ولهذا تهدف التربية حسب رأي تلك الفلاسفة إلى حشو أدمغة التلاميذ بالمعلومات والحقائق المطلقة الثابتة التي توصل إليها الأجداد .
وينظر أصحاب هذه الفلسفة إلى المعرفة على أنها نتاج العقل وحده، أما نظرتهم إلى القيم، فالقيم بالنسبة لهم مطلقة وغير متغيرة.

- المعالم التربوية للفلسفة المثالية:

1 -إن التربية هي العملية العقلية للوصول إلى إدراك الحقيقة المطلقة عن طريق حشو الأدمغة بالمعرفة.

2 -إن التربية العقلية لكي تصل إلى تفهم الحقيقة المطلقة الأزلية يجب أن تكون على شكل قوالب معرفية وليست على شكل نماذج تجريبية.

3 -إن التربية ترتكز أساسا على التربية العقلية، ثم تستكمل بالتربية الخلقية والدينية والجمالية والبدنية.

4 -إن التربية وإن بدت في شكل تربية فردية، فإنها تمتد لتأخذ شكلا اجتماعيا.

5 -تميز الفلسفة بين عالم الروح وعالم المادة وترى أن وظيفة الروح هي المعرفة وأن المعرفة الحقة إنما هي المعرفة النظرية التي يصل الإنسان إليها عن طريق التأمل العقلي.

ب- الفلسفة الواقعية زRealismس أو العلمية أو المدرسية:

تقوم فكرة الفلسفة الواقعية على كون مصدر كل الحقائق من الحدس والإلهام إنما تأتي من هذا العالم الذي نعيش فيه - عالم الواقع، ومن أبرز رواد هذه الفلسفة أو المدرسة: أرسطو، جون لوك، توماس اكونياس، أوجست كونت، ارنست ماخ.

ويؤمن أنصار هذه الفلسفة بأن الطفل يولد بدون أفكار سابقة وأن عقله يكون صفحة بيضاء. وبما أن غاية المجتمع هي تعليم الفضيلة، لذا فإن على المشرعين أن يهيئوا ذلك الأمر لكل المواطنين.

وينصح أرسطو بتربية الأطفال والاهتمام بهم في جميع أطوار نموهم، وتنظر هذه الفلسفة إلى المعرفة على أنها مرتبطة بمعرفة قوانين الطبيعة والتكيف معها وأنه من الممكن اكتشاف هذه المعرفة وتلقينها للصغار بطريقة منظمة في المدارس، وإن القيم عند أنصار هذه الفلسفة دائمة وملزمة للجميع، ويعتقد أنصار هذه الفلسفة أن مشاركة التلاميذ في حل المشاكل التي تواجههم مشاركة سلبية وتقتصر على عرض المشكلة على المرشد ليقدم لها الحلول، أما غاية التربية عندهم فهي تعليم الفضيلة.

- المعالم التربوية للفلسفة الواقعية:

1 -تجعل هذا الفلسفة هدف التربية ثابتا بما يؤكد ثبوت الحقيقة الإلهية- ذلك أن الحقائق والأساسيات العلمية التي تتضمنها المادة الدراسية انما هي أمور جوهرية تتميز بأصالتها وثبوتها، والحقيقة تتمثل في قدسية الإله.

2 -إن التربية العقلية هي غاية في حد ذاتها ووسيلة لإدراك كل شيء وتعليله عن طريق التدريب الصحيح على التفكير، وعلى المدرسين أن يقوموا بالتدريس من الواقع المحسوس ثم ينطلقون منه إلى جوهر المادة المجرد.

3 - تقوم على الثنائية بين (البيئة الطبيعية) والقوة الخارقة للطبيعة (الإله وهو ثابت وأزلي) وعلى الثنائية بين العقل والجسم بشرط التفاعل بينهما (العقل جوهر والجسم مادة.(

4 - إن التربية وفق هذه الفلسفة المدرسية تعطي اهتماما كبيرا للمعرفة للمثيرات المحدودة، كما يقدم المعلم المثير ويستجيب التلميذ لذلك المثير.

5 - يؤمن أنصار هذه الفلسفة بأن التربية ما هي إلا مساعدة الإنسان ليتكيف مع بيئته لا ليشكلها أو يؤثر فيها.

6 -إن الإنسان هو مركز الكون ومن أجله خلقت الدنيا بما فيها.

7 - تؤمن هذه الفلسفة بالتقاء العقل بالعقيدة، ترى هذه الفلسفة بأن الخير موجود ومتأصل منذ طفولة الإنسان وبوحي إلهي، وغاية التربية الدينية إحياء الخير في نفوس الناس وتنميته والعمل على إكثاره.

ثانيا: الفلسفة التقدمية"Progressivism" :

وتضم هذه الفلسفة الفلسفات التالية:

أ- الفلسفة الطبيعية "Naturalism":

تقوم هذه الفلسفة من وجهة نظر أهم أنصارها (روسو) على فكرة أن الطبيعة خيرة، وأن كل شيء يظل سليما مادام في يد الطبيعة، ولا يلبث أن يصيبه الدمار إذا مسته يد الإنسان، لذا فإن من واجب التربية أن تعمل على تهيئة الفرصة للطبيعة الإنسانية كي تنمو متبعة قوانين الطبيعة.

-المعالم التربوية للفلسفة الطبيعية:

1 - إن التربية عند الطبيعيين عملية سليمة ليس للإنسان -سواء كان أبا أو مدرسا- دخل فيها، إذ إن تدخل الإنسان فيها يقتل نمو الطفل ويفسد طبيعته.

2 - إن التربية عند الطبيعيين تؤمن بحرية الطفل في التعبير عن نفسه، فالطبيعة الذاتية هي الهدف الأساسي للتربية.

3 - إن التربية عند الطبيعيين تؤمن بأهمية إشراك الأطفال -بعد مرحلة تربوية معينة يكتسبون فيها الخبرة- في وضع القواعد والقوانين واللوائح التي تحكم تصرفاتهم في أنشطتهم التربوية.

ب- الفلسفة البراجماتية "Pragmatism":

يرى أصحاب هذه الفلسفة أمثال تشارلز بيرس، وليم جيمس وجون ديوي أن الطبيعة الإنسانية مرنة ووظيفية وأن الحقيقة يمكن معرفتها من نتائجها التجريبية عندما نوضع في موقف عملي فعلي، لذلك فأصحاب هذه الفلسفة يرون بأن الحقيقة الثابتة المطلقة لا وجود لها، كما ويرى أصحاب هذه الفلسفة أن التربية هي الحياة وليس الإعداد لها، وأن من واجب المدرسة كمؤسسة تربوية أن تستخدم مواقف الحياة في العملية التربوية.

- المعالم التربوية للفلسفة البراجماتية:

1 - أن الحق هو ما يستطيع الناس استخلاصه من تجارب حياتهم.

2 - لا تؤمن بوضع أهداف ثابتة للتربية لأن كل شيء يخضع للتجربة للتأكد من منفعته، وتمشيا مع ذلك فإنها لا تؤمن بالمثل والقيم الثابتة، كما وأنها تعتمد على العقل في حل المشكلات.

3 - تؤمن التربية البراجماتية بأهمية إعداد الشباب للحياة ولثقافة المجتمع الذي يعيش فيه. لذلك ترى أن تكون حياة التلاميذ في المدرسة حياة واقعية ذات مغزى بالنسبة للحياة البيئية المحيطة بهم.

4 - تستخدم المدرسة المنهج العلمي للخروج من الفكر المجرد إلى دنيا العمل أو الوصول إلى الحقيقة، ويكون ذلك عن طريق الاستنباط والاستقراء معا، فالمعرفة تستمد من العمل وفي العمل.

5 - تؤمن التربية البراجماتية بضرورة التكيف مع البيئة ووسيلتها في ذلك تنمية العقلية الابتكارية المنتجة، أي تنمية القدرة على التفكير الابتكاري الخلاق، كما تؤمن بدور الذكاء الخارق والخبرة في حل المشاكل والتكيف مع البيئة.

6 - تؤمن هذه الفلسفة بالتربية الجماعية، فعن طريق التفاعل الحي في العمل الجماعي تكتشف الخبرات الصحيحة وتأخذ طرقها للحياة.

7 - تؤمن بضرورة مراعاة الفروق الفردية.

8 - تؤمن باكتساب الخبرة كجوهر للمعرفة ومن أهم عوامل اكتسابها هو انتهاج الديمقراطية كأسلوب حياة.

ج- الفلسفة الوجودية "Existentialism":

يرى أنصار هذه الفلسفة أمثال جان بول سارتر، سورين كير كمجارد بأن الفرد حر وليس له الخيار في ذلك، وهذه الحرية تجعله قادرا على فعل ما يريد، ومن واجب التلميذ الوجودي أن يحاول معرفة كل ما يستطيع أن يصل إليه، لذا

71

فإن الوجوديين يرفضون مبدأ التربية القائمة على الحفظ والتلقين، فالوجودية تحفز الإنسان للابتعاد عن أن يكون مثل الآخرين في سلوكه وتصرفاته وحياته، ومن مناهج الوجودية أن كل شيء خاضع للمناقشة والتحليل لذلك فإن المبدأ الأساسي للوجودية بأن لا تحاول إعطاء إجابات قاطعة بخصوص الحقيقة والواقع والقيم، بل إن هدفها هي إيقاظ ميل الإنسان للاهتمام بإيجاد حلول لهذه المشاكل والوصول بنفسه إلى النتائج، ومن أهم ما كتب بهذا الخصوص: "ليس المهم هو كيف أصبحت في ما أنت عليه الآن، إنما المهم هو ما تفعله بما أصبحت فيه"... "في الحياة يلغي الحاضر الماضي، كما يلغي المستقبل الحاضر."...

د- الفلسفة الإسلامية "Islamic":

منبع هذه الفلسفة هو القرآن الكريم والحديث الشريف، إلا أنها أيضا تأثرت بما قبلها من الفلسفات، كالفلسفات الشرقية واليونانية والمصرية القديمة، كما أنها انتخابية انتقائية تأخذ ما يناسبها ويتمشى مع مبادئ الإسلام الحنيف، إن المعرفة محدودة في إطار حواس الإنسان.

- المعالم التربوية للفلسفة الإسلامية (الغزالي):

1- كانت فلسفة انتخابية انتقائية، تأخذ ما يتناسب مع تعاليم الإسلام.

2- فلسفة عملية تحض على الملاحظة والتجريب للوصول إلى الحقيقة والمعرفة.

3- الغاية القصوى من الفلسفة الإسلامية هي الحكمة، والحكمة تعني معرفة الله سبحانه وتعالى.

4- تنظر إلى العلم بأن له مكانة رفيعة وأنه من أشرف الصناعات وأفضلها لأن الله سبحانه وتعالى خص به الإنسان من دون غيره .

5- تنظر إلى المعلم على أن له مرتبة أعلى من سائر المشتغلين بالصناعات الأخرى.

6- هدف التعليم هو هدف ديني وهو خدمة الله وابتغاء وجهه.

7- القيم ثابتة ولا تخضع للتجريب.

هـ- الفلسفة العربية (قديما):

كانت الأمة العربية تربي أبناءها تربية خلقية، حربية، فالتربية الخلقية كانت من أجل العيش ضمن إطار المجتمع العربي، أما التربية الحربية فكانت تقوم على تعليمهم أساليب القتال المختلفة.

بالإضافة إلى ذلك كانت التربية العربية تقوم على تعليم الأطفال فصاحة اللسان. أما الفلسفة العربية الحديثة فيمكن تلخيص أهم بنودها بما يلي:

1 - تربية وإعداد المواطن المؤمن بتراث الأمة العربية وبقيمها الأصلية ورسالتها الحضارية.

2 -تحسين نوعية التعليم وتطويره، بالإفادة من مستخدمات العلم والتكنولوجيا.

3 -ربط التعليم بمطالب المجتمع وتطوراته.

4 -التعاون العربي الوثيق دعما للوحدة الثقافية كأساس للقومية العربية.

5 -تطوير الإدارة التربوية بالآخذ بمبدأ اللامركزية وأساليب التخطيط.

6 -الإفادة من التجارب العالمية والتعاون من أجل ذلك مع المنظمات الدولية ودول العالم الثالث.

ثالثا: فلسفات حديثة:

وتضم هذه الفلسفة مجموعة الفلسفات التالية:

أ- الفلسفة الفردية (الرأسمالية):

هذه الفلسفة تمجد الفرد وتجعله محورها الأساسي، وقد تبنت دول أوروبا الغربية هذه الفكرة. وتشجع هذه الفلسفة إذكاء روح المنافسة والتنافس بين الأفراد.

- السمات التربوية للفلسفة الرأسمالية:

1 -المرونة في الإشراف على العملية التربوية والتعليمية.

2- المرونة في تطبيق المناهج بما يتفق والبيئة المحلية.

3- استقلال المؤسسات التعليمية والسماح للمؤسسات الدينية المختلفة بإنشاء ما تريد من مدارس.

4- انفتاح النظام التعليمي ورسم الخطط المستقبلية للقوى البشرية.

5- حرية المدارس الخاصة والطائفية في وضع مناهجها وطرق تدريسها.

6- الاهتمام بالوسائل التربوية والتكنولوجية الحديثة في التربية.

ب- الفلسفة الاشتراكية الجماعية:

محور هذه الفلسفة الجماعة وتدور حول فناء الفرد في مصلحة المجموعة. واهتمت الفلسفة الاشتراكية عامة، والفلسفة الشيوعية بخاصة بشؤون التربية والتعليم اهتمامها بالنظام الاقتصادي والعسكري، والنظرة الشيوعية للتربية لا تقف عند المدرسة وإنما إلى كل ما من شأنه التأثير على عقلية الطفل في المدرسة وخارجها - كأجهزة الإعلام المختلفة ومن أهم رواد هذه الفلسفة كارل ماركس وفردريك انجلز.

- السمات التربوية للفلسفة الاشتراكية:

1- سيطرة الدولة والحزب على نظام التعليم.

2- الاهتمام بالنظام التربوي حسبما يرتضيه المجتمع والحزب.

3- العناية بالمدارس الحكومية العامة مع عدم السماح بالمدارس الخاصة.

4- تربية الجيل تربية اشتراكية نابعة من المعتقدات الحزبية.

5- الاهتمام بكل ما يخدم المصلحة الوطنية العامة.

6- الاهتمام بالتنمية المادية وذلك بالاهتمام بالعلم والتكنولوجيا الذي يخدم الشعب عامة ومصلحة الوطن بخاصة.

ج- الفلسفة غير المميزة (الهلامية) "فلسفة العالم الثالث:"

هذه الفلسفة متعددة الاتجاهات والأشكال والأنواع وهي ليست فلسفة تربوية رأسمالية ولا اشتراكية ولا شيوعية.

- السمات التربوية للفلسفة الهلامية:

1 - وجود ازدواجية في التربية والتعليم وذلك لوجود صراع بين التراث القديم والجديد.

2 - هناك عدد من المدارس الخاصة والطائفية والقومية إلى جانب المدارس العامة والحكومية، ولكل منهجه الخاص.

3 - عدم وجود فلسفة واضحة محددة لها قواعدها وأسسها وقوانينها.

4 - عدم تحقيق مبدأ تكافؤ الفرص لفئات الشعب وذلك بسبب فقر تلك الدول وقلة إمكاناتها المادية.

5 - عدم التوازن في العمليات التربوية والتعليمية.

6 - عدم توفر الأجهزة اللازمة.

د- الفلسفة الإنسانية العالمية:

محور هذه الفلسفة أن الفرد عضو في جماعة مكونة من عدد من الأفراد، ولهذا فإنه من الممكن تربية الفرد ضمن الجماعة ومن خلال الإطار الاجتماعي.

- السمات التربوية للفلسفة الإنسانية:

1 - إعطاء الحرية للأفراد في اختيار المنهاج الذي يريدون.

2 - حرية الانتقال من مادة لأخرى ومن موضوع لآخر.

3 - المرونة من قبل المربين في التصرف حيال المنهاج عامة.

4 - الاهتمام بالنظام التربوي وبما يتناسب والواجبات والحقوق التي يرضى عنها المجتمع.

5 - استقلالية التربية عن المؤسسات الأخرى وحرية فتح المدارس.

6 -الدعوة إلى ما يخدم ويؤدي إلى خير الإنسانية عامة.

مراجع الفصل الرابع

-إبراهيم ناصر. (١٩٩٠). مقدمة في التربية. دار عمار للنشر والتوزيع، عمان، ط٧.

-توفيق الطويل. (١٩٥٨). أسس الفلسفة. مكتبة النهضة، القاهرة، ط٣.

-حامد زهران. (١٩٧٧). علم النفس الاجتماعي. عالم الكتب، القاهرة، ط٧.

-صالح ذياب الهندي وزملاؤه. (١٩٩٠). أسس التربية. دار الفكر للنشر والتوزيع، عمان.

-عبد الكريم شطناوي وآخرون. (١٩٩٢). أسس التربية. دار الصفاء، عمان.

-عبد الله عبد الدايم. (١٩٧٩). التربية في البلاد العربية. دار العلم للملايين، بيروت.

-عزت جرادات وآخرون. (١٩٨٣). مدخل إلى التربية. المكتبة التربوية المعاصرة، عمان، ط١.

-محمد عبد الرؤوف شفشق. (١٩٧٨). الأصول الفلسفية للتربية. دار البحوث العلمية، الكويت، ط٣.

-محمد منير مرسي. (١٩٨١). في اجتماعات التربية. دار النهضة العربية للطباعة والنشر، بيروت.

-محمد عبد الهادي عفيفي. (١٩٧٨). في أصول التربية .. الأصول الفلسفية للتربية. مكتبة الإنجلو المصرية، القاهرة.

الفصل الخامس

الأسس النفسية للتربية

مقدمة:

تنحصر الأسس النفسية التي تقوم عليها التربية بما يلي:

1 -معرفة طبيعة المتعلم: يعني معرفة الإنسان المتعلم على طبيعته العضوية والسلوكية.

2 -معرفة طبيعة التعلم: يعني معرفة موضوع ومحتوى التعلم ومدى مناسبته للإنسان المتعلم مع الاهتمام بنماذج أو نظريات التعلم المختلفة.

3 -معرفة طبيعة التعليم: أي معرفة البيئة بشقيها (الاجتماعي والطبيعي) وأثر ذلك على المتعلم، ومناسبة موضوع التعلم وصلاحية ذلك للبيئة الاجتماعية والمجتمع والتراث وطريقة التفكير ووسائل الاتصال وتأثرها بالبيئة الطبيعية.

فالأسس النفسية تساعد التربية على أن تختار أفضل الطرق لتحقيق أهدافها وذلك لأن الناس يختلفون في القدرات والاستعدادات والذكاء والتكوين النفسي والشخصي والسلوك. فإذا كان من الممكن المساواة بين الناس في الحقوق والفرص وإتاحة التعليم فإنه من غير الممكن المساواة بينهم في القدرات والاستعدادات والذكاء والسمات المزاجية والصفات الشخصية، ولا في نوع التعليم أو العمل الذي تؤهلهم قدراتهم واستعداداتهم لمزاولته، ومن هنا كان لابد من دراسة الفروق الفردية بين المتعلمين للوقوف على مدى اختلاف الأفراد في استعداداتهم وقدراتهم ومستويات ذكائهم ليتسنى للدارس معرفة الأسس النفسية والتي بناء عليها ستختار التربية طرق التدريس المناسبة لتحقيق أهدافها. أيضا لابد من دارسة الطبيعة الإنسانية وما يتعلق بها من غرائز ودوافع وحاجات، كما أنه لابد من دراسة العمليات العقلية، التذكر والنسيان والذاكرة والتعليم لنتمكن فعلا من اختيار أفضل الطرق لتحقيق أهداف التربية. والآن سيتم توضيح كل واحدة من هذه النقاط على انفراد:

أولا: الفروق الفردية:

المقصود بالفروق الفردية هو اختلاف أفراد أية مجموعة فيما بينهم في أية سمة من السمات أو صفة من الصفات، وبناء على ذلك فمن يصلح لدراسة أو عمل معين قد لا يصلح لدراسة أو عمل آخر، لذلك يجب مراعاة هذه الفوارق في كل العمليات التربوية وما يتبعها من إرشاد نفسي أو وظيفي أو تدريبي.

فقد اختلف العلماء في تحديد أسباب الفروق الفردية فمنهم من أعادها إلى عوامل وراثية ومنهم من قال بأنها تعود إلى عوامل بيئية، لكن واقع الحال يقول بأن كل من البيئة والوراثة تؤثر وتتأثر وتتفاعل ليتم نمو الفرد ويتكون سلوكه وتظهر قدراته واستعداداته وذكاؤه وميوله، وسأتطرق في هذا الفصل إلى دور كل من الاستعدادات والقدرات والذكاء في توضيح أسباب تكون الفروق الفردية بين الأفراد.

أ- الإستعدادات زAptitudesس:

الاستعداد هو القابلية أو الأهلية لأن يتعلم الفرد بسرعة وبسهولة وعلى أن يصل إلى مستوى عال من المهارة في مجال معين إن توفر له التدريب اللازم، أي بمعنى أنها القدرة الكامنة لدى الفرد والتي تحتاج إلى تدريب وتأهيل وتعلم لإظهارها.

صفات الاستعداد:

1 -العمومية والخصوصية أي أن هناك استعدادا عاما وآخر خاصا - الاستعداد العام مثل دراسة الهندسة، الاستعداد الخاص مثل دراسة هندسة مدنية، كهربائية... إلخ.

2 -القوة والضعف فالاستعدادات مستقل بعضها عن بعض وذلك بأن يكون للفرد استعداد قوي في الموسيقى، وضعيف في الحساب مثلا...وهكذا.

3 -التوزيع أي تتوزع الاستعدادات بين الناس من حيث القوة والضعف للاستعداد الواحد، وفق منحنى التوزيع الطبيعي، فأغلب الناس في الوسط من حيث مستوى الاستعدادات لديهم.

4 -فطري ومكتسب، إن هناك استعداد فطري موروث وآخر بيئي، فقد يكون لدى الفرد استعداد فطري موروث، وإن يكن لديه الميل لتنمية ذلك الاستعداد أو استعماله فلا فائدة من وجود ذلك الاستعداد.

أنواع الاستعدادات:

1 -الاستعداد اللغوي: سهولة فهم الألفاظ والجمل والأفكار وإدراك ما بينها من علاقة تشابه أو تضاد، فهو إذا القدرة على معالجة الأفكار والمعاني باستخدام الألفاظ والتلاعب فيها.

2-الاستعداد الميكانيكي: وهو القدرة على فهم الآلات وجميع ما يتعلق بها من أمور ميكانيكية.

3-الاستعداد الأكاديمي: وهو القدرة على النجاح في الجامعات والمعاهد والقدرة على البحث العلمي وإجراء الدراسات.

4-الاستعداد الموسيقي: القدرة على تمييز الأنغام الموسيقية من حيث تردد ذبذباتها وشدتها وارتفاعها وانخفاضها والتعرف على نوع الإيقاع وتمييزه...الخ.

ب- القدرات "Abilities":

القدرة هي كل ما يستطيع الفرد أداءه في اللحظة الحاضرة من أعمال عقلية أو حركية سواء كانت فطرية أو مكتسبة، والفرق بينها وبين الاستعداد أن الاستعداد أسبق من القدرة وأن الاستعداد يبقى كامنا ويحتاج من يوقظه ويظهره، أما القدرة (Capacity)أو الكفاءة فهي أقصى قدرة للإنسان يمكن أن يحققها إذا حصل على أنسب تدريب أو تعليم.

أنواع القدرات:

1 -القدرة اللفظية: وتتعلق بتكوين الكلمات وبمحصول الفرد منها.

2 -القدرة العددية: وتظهر باستخدام الأرقام والعمليات الحسابية.

3 -القدرة المكانية: تصور الأشياء بعد أن يتغير وضعها المكاني.

4- القدرة على التذكر: وتظهر في النشاط العقلي بتذكر أشياء معينة والتعرف عليها.

5- القدرة على الاستدلال: وتظهر في النشاط العقلي الذي يتطلب اكتشاف القاعدة التي تربط بين مجموعة معينة من العناصر في صورة أرقام أو حروف أو رموز.

ج- الذكاء:

اختلف علماء النفس في تعريف الذكاء، فمنهم من عرفه من حيث وظيفته وغاياته ومنهم من عرفه من حيث بناؤه وتكوينه ومنهم من عرفه تعريفا إجرائيا.

1) الذكاء من حيث وظيفته وغايته:

- ترمان (Termin): عرفه على أنه القدرة على التفكير المجرد.

- سترن (Stern): عرفه بأنه القدرة العامة على التكيف العقلي لمشاكل ومواقف الحياة الجديدة.

- كلفن (Colvin): عرفه على أنه القدرة على التعلم.

- كهلر (Kohler): عرفه بأنه القدرة على الاستبصار/الإدراك الفجائي.

- جودارد (Goddard): عرفه بأنه القدرة على الاستفادة من الخبرات السابقة في حل المشكلات الحاضرة، والتنبؤ بالمشكلات المستقبلية.

2) الذكاء من حيث بناؤه وتكوينه:

- بينيه (Binet): يرى بأنه الذكاء يتألف من قدرات أربع هي: الفهم والابتكار، والنقد، القدرة على توجيه الفكر في اتجاه معين واستبقائه فيه.

- سبيرمان (Spearman): يقول بأن الذكاء هو قدرة فطرية عامة أو عامل عام يؤثر في جميع أنواع النشاط العقلي مهما اختلف موضوع هذا النشاط وشكله.

- ثورندايك (Thorndike): يعتبر الذكاء محصلة أو متوسط حسابي لعدة قدرات مستقلة بعضها مع بعض.

د- الاتجاهات والميول:

- الاتجاه: إن الاتجاه إلى شيء ما معناه الرضا به والإحساس بالاندفاع إليه عملا وتفكيرا كلما أتيحت الفرصة لذلك ثم مخالفة من يقف منه عكس هذا الموقف، ولا يشترط في تحقيق معنى الاتجاه مباشرة الشخص لأداء النشاط المتصل به، والاتجاه ضد شيء ما معناه عدم الرضا به، كما يعرف الاتجاه بأنه الاستعداد للوقوف مع شيء أو إنسان أو موقف أو ضد واحد منها بأسلوب معين فيه حب أو كراهية أو خوف أو استياء إلى درجة معينة من الشدة، وعندما يقوى الاتجاه نحو الشيء في الشخص لينقلب اهتماما أو ميلا فيزداد انحرافه له بالسلوك المحقق له.

- الاهتمام (الميل): إنه الاتجاه الموضوعي الذاتي الذي يتضمن إدراكا أو فكرة مقصودة ووعيا عقليا وشعوريا، وهو إما مؤقت أو دائم قائم على حب استطلاع فطري ومكيف بالخبرة، أو هو تفضيل يظهر عندما تأتي فرصة الاختيار.

وأحب أن أوجه النظر هنا إلى أن الاتجاه يخالف الاهتمام أو الميل من ثلاث زوايا:

1 - إن الاتجاه يكون نحو الشيء كما يكون ضده أما الاهتمام أو الميل فلا يكون إلا نحوه.

2 - إن الاتجاه أقل من الاهتمام درجة وأضعف دفعا.

3 - إن الاتجاه قد يكون ذاتيا أو شخصيا وقد يكون عاما، أما الاهتمام أو الميل فلا يكون إلا ذاتيا شخصيا.

إن الاتجاهات والميول قد تتطور إلى مثل وقيم أو عقيدة يدين بها الفرد وذلك عندما يلح عليها بالتأكيد وتمتلئ بها النفس، فالإيثار مثلا قد يبدأ اتجاها ثم يتحول ميلا ثم يصبح عقيدة ومثلا أعلى، اشتد هذا الميل في صاحبة وقوي سلطانه عليه فاندفع إليه بكل إحساسه ومارسه في كل المناسبات ودافع عنه ضد من يحاول النيل من قيمته وتفانى في سبيل نشره بين الناس.

3)التعريف الإجرائي للذكاء "Operational Definition":

وهو الذي يقول إن الذكاء هو ما تقيسه اختبارات الذكاء حسب المعادلة التالية:

$$\frac{\text{العمر العقلي}}{\text{العمر الزمني}} \times ١٠٠$$

- صفات الإنسان الذكي:

يتصف الإنسان الذكي بأنه:

-أقدر على: الابتكار، التعلم، تطبيق ما تعلمه، حل المشكلات التي تعترضه، حسن التصرف، إدراك العلاقات بين الأشياء والأعداد والألفاظ، اصطناع الحيلة لبلوغ الأهداف، التبصر في عواقب الأمور.

-أسرع في: الفهم، وفي عملية التعلم والتعليم.

-أنجح في: الدراسة، الحياة، وفي إدارة الأعمال الفكرية بوجه عام.

- مراتب الذكاء :

صنف العلماء الذكاء بمراتب مختلفة إلا أن أكثر هذه التصنيفات شيوعا هو التصنيف التالي:

1 -الموهوبون :(Gifted) ويمكن تقسيمهم إلى الفئات التالية:

أ- العباقرة: السمات الرئيسية لهذه الفئة هي الابتكار والإبداع والطموح. وتزيد نسبة ذكائهم على ١٤٠.

ب- الأذكياء جدا: وهم من تكون نسبة ذكائهم ما بين (١٤٠-١٢٠).

2 -متوسطو الذكاء: وهم الغالبية العظمى من بني البشر (العاديون) ويقسمون إلى:

أ- فوق الوسط: نسبة ذكائهم (١٢٠-١١٠).

ب- الوسط: نسبة ذكائهم (١١٠-٩٠).

ج- دون الوسط: نسبة ذكائهم (٩٠-٨٠).

فإذا تم اعتماد دراسة المرحلة الثانوية والدارسة الجامعية كمعيار، فإنه يمكن القول بأن فئة فوق الوسط هم الذين ينجحون في الدراسة الجامعية وفئة الوسط ينجحون في الثانوية وفئة دون الوسط ينجحون بصعوبة في الثانوية العامة.

-3الأغبياء: وهم فئة من الناس قادرة على التعلم، تستطيع العيش معتمدة على نفسها ولكنها غير قادرة على التصرف إزاء المشكلات التي تحتاج إلى تحليل وتفكير وربط بين الأسباب والمسببات وتكون نسبة ذكائهم ما بين (٨٠-٧٠.(

-4المتخلفون عقليا زMental Retardationس: وهم فئة من انحط ذكاؤهم بحيث أصبحوا غير قادرين على التعلم في المدارس، كما أنهم لا يستطيعون تدبير شؤونهم الخاصة دون إشراف من الغير، ويمكن تقسيم هذه المرتبة إلى الفئات التالية:

أ- فئة الإصابات الخفيفة :(Mild) وتكون نسبة ذكائهم (٦٩-٥٥.(

ب- فئة الإصابات المعتدلة/وسط :(Moderate) وتكون نسبة ذكائهم .(٤٥-٤٠(

ج- فئة الإصابات الحادة/خطيرة :(Severe) وتكون نسبة ذكائهم (٣٩-٢٥.(

د- فئة الإصابات الشديدة جدا :(Profound) وتكون نسبة ذكائهم (أقل من ٢٥.(

علما بأن خفيفي الإصابة يمكن تعليمهم، ومتوسطي الإصابة يمكن تدريبهم، والذين إصابتهم حادة يمكن تدريبهم بالاعتماد على الآخرين، أما الذين إصابتهم شديدة فهم بحاجة إلى رعاية دائمة طيلة العمر. فبالإضافة إلى هذه التصنيفات فإنه يمكن إضافة نوع آخر من الإعاقات ألا وهو الإعاقة القيمية - السلوكية ويشمل هذا التصنيف كل فرد يتصف سلوكيا أو قيميا بقيم سلبية كالكذب والغش والنميمة والنفاق والخداع وغيرها، وتعتبر الإعاقة القيمية هي الأخطر إذا ما قورنت بالإعاقة الجسدية والعقلية.

الذكاء والنجاح:

يعتبر الذكاء عاملا أساسيا من عوامل النجاح، مثال:الأشخاص ذوو نسبة الذكاء دون المتوسط يصعب عليهم النجاح في الثانوية العامة، أما الدراسة الجامعية فتحتاج إلى ذكاء متوسط أو فوق المتوسط، أما المهن التي تحتاج إلى نسبة ذكاء عالية هي المهن التي تحتاج إلى التخطيط والتعميم، والحكم والابتكار، دون إشراف من مشرفين كالمهن السياسية العليا، وإدارة الشركات الكبرى.. ومن الطرف الآخر المهن التي لا تحتاج إلى نسبة ذكاء عالية هي المهن اليدوية الروتينية الآلية مثل مسح الأحذية وبيع الصحف..وغيرها، الآن وقد انتهينا من تحديد مفهوم الفروق الفردية، فلا بد لنا من تحديد الطرق التي يمكن من خلالها قياس هذه الفروق.

الأسرة والفروق الفردية بين الأطفال:

يمكن أن تكون الأسرة عاملا من العوامل التي توجد الفروق بين الأطفال، فمن المؤشرات التي تؤدي إلى التباين بين الأطفال اختلاف حالات بيوتهم وأوساطهم الاجتماعية.

وأورد هنا على سبيل المثال لا الحصر الفوارق التالية:

1 - بيت فيه كتب وحديث ونزهات يختلف أطفاله عن بيت فقير، والآباء فيه يختلفون أمام الأطفال.

2 - وسط عائلي يكاد يكون أميا تختلف أنماط أطفاله عن وسط عائلي مثقف من مستوى تعليمي عال.

3 - مسكن مزدحم تهمل فيه حاجات الطفولة يختلف عن منزل يوفر كل الراحة والطمأنينة. فالأسرة هي العامل الفعال الأول في تكوين عادات الأكل والشرب والمشي والنوم واللبس ومعاملة الناس، كما أن الأسرة هي عادة التي تقوم بتهذيب سلوك الطفل الغريزي في طفولته الأولى وتشرف

على توجيهها وتقويمها، فالطفل يتعلم أول درس من دروس الحياة في الحب والكراهية وفي الحقد والبغضاء وفي الإخلاص والتآخي واحترام مشاعر الآخرين وغيرها من دروس يتعلمها جميعا في المنزل.

إن نظام الحياة المنزلية وما يحيط بالطفل من أثاث له أثر كبير في تكوين ذوق الجمال عند الطفل ويساعد في بناء أحساسيس الطفل ومشاعره وينمي قدراته وميوله واتجاهاته.

4 -الوضع الاجتماعي والاقتصادي والسياسي والديني للأسرة يؤثر على تربية الأطفال وتنشئتهم، فالأطفال عادة يحاولون تقليد آبائهم وأمهاتهم بكل تصرفاتهم وسلوكاتهم.

5 -ترتيب الطفل في الأسرة يلعب دورا أساسيا في تربية الطفل، فسلوك الطفل الذكر الوحيد في أسرة مملوءة بالإناث أو العكس، وسلوك الطفل البكر يختلف عن سلوك آخر العنقود أو الطفل الوسط وهكذا....

طرق قياس الفروق الفردية:

تقاس الفروق الفردية عادة عن طريق إجراء العديد من الاختبارات والتي تجري من قبل متخصصين. وتقسم اختبارات الفروق الفردية إلى ما يلي:

1 -اختبارات الاستعدادات: كاختبارات الاستعداد الدراسي وهذه تخبر الفرد بقدرته على التعلم أو التأهيل للمستقبل.

2 - اختبارات القدرات: فلكل قدرة اختبار أو عدة اختبارات، فالقدرة اللغوية تقاس باختبار التصنيف اللغوي...وهكذا.

3 - اختبار الذكاء: وطورها بنيه (Binet) في عدة اتجاهات فمنها ما يقيس ذكاء صغار الأطفال، وأخرى لقياس ذكاء الراشدين، وثالثة لقياس ذكاء النابغين وهكذا...

4 -اختبارات التحصيل الدراسي: الاختبارات المقالية والموضوعية والشفوية والعملية، وهي وسيلة لقياس مدى ما حصل التلاميذ من المادة الدراسية ومقدار استيعابهم لها، ومن أمثلتها جميع أنواع الامتحانات التي تعقد في المدارس والمعاهد والجامعات.

5 -اختبارات شخصية: وتشمل اختبارات معينة لقياس الميول والاتجاهات والدوافع والسمات الخلقية والمزاجية ومستوى الطموح.

بعد أن تعرفنا أسباب الفروق الفردية وطريقة قياسها من خلال الاختبارات المتخصصة فإنه يمكن العمل على مراعاتها في كل العمليات التربوية وجميع ما يتبعها من إرشاد أكاديمي ومهني أو إرشاد نفسي ليتسنى تلبية احتياجات وميول ورغبات المتعلمين.

ثانيا: الطبيعة الإنسانية:

أ- الغرائز:

الغرائز هي ما لدى الإنسان من استعدادات فطرية تدفعه إلى القيام بسلوك خاص إذا ما أدرك نفسه في موقف أو مجال معين، وقيل عنها أيضا أنها نشاط غير مكتسب.

رأي العلماء في الغرائز:

- فرويد :(Freud)يقول بأن هناك غريزة واحدة عند الإنسان وهي الغريزة الجنسية.

- أدلر :(Adler) يقول أن الغريزة الوحيدة التي تتحكم في سلوك المرء هي غريزة الشعور (بالصغار.(

- ماكدوجل: فقد قال إن هناك إحدى عشرة غريزة:

1 -غريزة الخلاص: ويثيرها في الإنسان الخوف من الخطر أو أذى أو أية ظاهرة غريبة تباغته.

2 -غريزة النفور: وتبعث في الأصل إما اشمئزازا مما هو مر المذاق أو كريه الرائحة، وإما قشعريرة مما هو لين الملمس كالسمكة والحية.

3 -غريزة الاستطلاع: وهي التي تدفع الطفل إلى البحث عن الأشياء التي تقع تحت نظره، والتساؤل المتواصل عن حقيقة أمرها.

4- غريزة الكفاح: وتظهر لإزالة العوائق التي تحول دون تحقيق رغباته والعمل على بقائه.

5-غريزة السيطرة: ويحركها في الإنسان الشعور بالعزة والسلطة وتظهر في الطفل إذ نراه يحاول إشباعها باستدعاء انتباه والديه وذويه واكتساب ثنائهم واستحسانهم .

6- غريزة الخضوع: وتستشار في الإنسان إذا شعر بالعجز والصغاره بحضرة من هم أكثر منه علما وأوفر جاها ونفوذا.

7- الغريزة الوالدية: ومسارها حنو الأبوين عندما يشاهدون ولدهما في حالة من الوهن والضعف.

8- الغريزة الجنسية: وتظهر في سن مبكرة.

9- غريزة التجمع: وتظهر في حب الإنسان للعشرة وكرهه للعزلة.

10- غريزة التملك: وتتجلى في ميل الإنسان إلى جميع الأموال واختزانها وتكديس المؤن وادخارها.

11- غريزة التركيب أو البناء: وهي التي تدفع الأولاد إلى الألعاب البنائية والتركيبية.

ويرى ماكدوجل بأن للغريزة ناحيتين:

أ- ناحية الانفعال.... الخوف، الرعب فينزع إلى الخلاص.

ب- ناحية النزعة إلى العمل ... العجب، الاستغراب فينزع إلى الاستطلاع.

فمهما يكن من أمر الغرائز فإنه يمكن القول إن غرائز الحيوان والإنسان متشابهة أحيانا إلا أن الغرائز البشرية قابلة للتعديل وإن السلوك البشري شديد التعقيد ومتنوع التركيب.

ب- الحاجات النفسية:

يصنفها البعض في حاجتين أساسيتين للطفل هما الحاجة إلى الطمأنينة مثل طلب الطفل للغذاء، والحاجة إلى المغامرة مثل التجوال بعيدا عن والديه.

ويرى آخرون أن الحاجات تقسم إلى ثلاث وهي:

أ- الحاجة إلى النمو ... بحث الولد على الغذاء وحبه للاستطلاع.

ب- الحاجة إلى حب الآخرين له .. ميل الولد الصغير إلى التدلل على والديه.

ج- الحاجة إلى حب الآخرين.. مثال تقبيل الطفل لوالديه، والتصنيف الآخر هو نفس البنود الثلاثة السابقة مع إضافة حاجه رابعة وهي الحاجة إلى تقدير الآخرين. وهناك تصنيفات أخرى عديدة.

وفي الخلاصة إن طبيعة المتعلم أصبحت واضحة المعالم بغض النظر عن طبيعة النظر إليها سواء إليها سواء من ناحية الغرائز أو الحاجات. فمن ناحية الغرائز ينظر إليها من الزاوية البيولوجية، (العوامل الوراثية) بينما من ناحية الحاجات ينظر إليها من الزاوية الاجتماعية ومن خلال عوامل البيئة وأثرها. ومما يعمل على التقريب بين وجهتي النظر أن السلوك ينقاد اليوم للتجارب العلمية، وأنه قابل للتعديل ليس عند الإنسان فحسب بل عند بعض الحيوانات أيضا.

النظريات في طبيعة المتعلم من الناحية الفطرية:

أ- إن الولد ميال بطبيعته إلى الشر...إن الأطفال عفاريت شياطين.

ب- إن الولد ميال بطبيعته إلى الخير...مطبوع على الفضيلة.

ج- إن الولد لا يميل بطبيعته إلى الشر ولا إلى الخير بل إلى الجهة التي توجهه إليها التربية.

وهنا يقع على عاتق المعلم اختيار وتعزيز النظرية الأخيرة لما فيها من توازن والذي بدوره يؤدي إلى شخصية الطالب الذي نريد.

طرق توجيه الحاجات النفسية:

هناك عدة طرق لتوجيه الحاجات النفسية، سأورد منها طريقتين على سبيل المثال لا الحصر.

1 -طريقة التنشيط والتثبيط.

- التنشيط: تربية الولد وتشجيعه على إشباع ميوله ما دام اتجاها مرغوبا فيه ومن وسائله الثواب.

- التثبيط: إما إشغاله عن إشباع ميوله غير المرغوب فيها بالطرق الوقائية، أو منعه من إشباع هذه الميول بالطرق العلاجية.

2 -طريقة تحويل المجرى.

وهي توجيه ميول الطفل بتحويل مجراها من وجهة غير مرغوب فيها إلى وجهة مرغوب فيها.

مثال: إن تحول غريزة التملك إلى أشياء صغيرة غير ذات معنى إلى أشياء لها معنى كجمع الطوابع والأزهار والصور.

ويمكن الاستفادة من مضمون هذه الطريقة في معالجة الحالات الفردية للطلبة غير المجتهدين أو الذين يعانون من بعض الإعاقات القيمية.

ج- الدوافع :

يرى بعض العلماء أن كلمة دافع أعم وأشمل وأدق من كلمة حاجة أو غريزة. والدوافع هي حالات أو قوى لا نلاحظها مباشرة بل نستنتجها من الاتجاه العام للسلوك الصادر عنها، فإن كان السلوك متجه نحو الطعام استنتجنا دافع الجوع، وإن كان السلوك متجها نحو الشراب استنتجنا دافع العطش وهكذا...وما الدافع إلا حالة داخلية جسمية أو نفسية، تثير السلوك في ظروف معينة.

تصنيف الدوافع:

يمكن تصنيف الدوافع إلى فطرية ومكتسبة، ودوافع شعورية ولا شعورية .

1 -الدوافع الفطرية والمكتسبة:

الدوافع الفطرية هي الدوافع التي تنتقل عن طريق الوراثة وليس للفرد فضل فيها ولا يمكن اكتسابها كالجوع والعطش. أما الدوافع المكتسبة فهي تلك الدوافع التي تأتي عن طريق النشاط التلقائي للفرد سواء بتعليمه لها أو تقليدها نتيجة لمشاهدتها فتأتي عن طريق الخبرة المباشرة أو بواسطة الممارسة والتدريب أو التعلم، ومن الأمثلة على الدوافع الفطرية: الجوع، العطش، النوم، التخلص من الفضلات، الدافع الجنسي، دافع اللعب، دافع الاستطلاع وكثيرا ما تسمى الدوافع الفطرية بالغرائز.

أما الدوافع المكتسبة فيمكن تقسيمها إلى:

أ- دوافع مكتسبة اجتماعية عامة كالميل للعيش في جماعات، والمحاكاة، والاستغاثة.

ب- دوافع اجتماعية حضارية كدوافع السيطرة، وتوكيد الذات، والعدوان، والاعتداء، والتملك، والادخار.

ج- دوافع اجتماعية فردية كالاتجاهات النفسية، والعواطف، والميول، ومستوى الطموح.

2 -الدوافع الشعورية واللاشعورية:

الدوافع الشعورية هي التي يكون الإنسان فيها قادرا على معرفة دوافعه وسلوكه. أما الدوافع اللاشعورية فهي التي يجهل الإنسان فيها الدوافع التي تدفعه للقيام بعمل ما أو أن يكون وراء سلوكه دوافع لا يعرفها، مثال: الأناني الذي لا يشعر بأنانيته، والبخيل الذي لا يرى بخله، ويمكن الكشف عن الدوافع اللاشعورية بواسطة الهفوات (Errors) ويتضمن ذلك فلتات اللسان، وزلات القلم، والنسيان، وإضاعة الأشياء وأحلام النوم.

- مكانة الدوافع في التربية (الدافعية والتربية):

الدافعية تعني تلك العلاقة التحركية بين الكائنات الحية والبيئية المحيطة بها، وبهذا تكون الدافعية مفهوما عاما، يشير إلى حالة خاصة، ويستدل على

هذه الحالة من سلوك الكائن الحي في الموقف الذي يوضع فيه، أي أنها تختلف باختلاف الكائن الحي، وما دام للتربية هدف معين تسعى للوصول إليه، وما دام الدافع يحدث نتيجة لوجود مثير، فحالة توتر ثم سلوك موجه نحو هذه الحالة إلى أن يحدث التوازن، فإن مثل هذه العملية تكون هامة في التربية إذا كان الأسلوب التربوي في التكيف بين المتعلم وبيئته يوضع بشكل مواقف، ويقول جون ديوي في هذا المجال: "يجب أن تعنى عناية تامة بالظروف التي تعطي كل خبرة من خبرات الطفل معنى، حينما تكون الخبرات التي يتعلمها الطفل داخله في حياته، وحينما تحقق أغراضه الحالية، وتساعده على التكيف الصحيح في مستقبل أيامه."

وهكذا يمكن للتربية أن تستعمل الأنماط السلوكية كشرط لاستثارة قوى التلميذ ودفعه إلى استجابة ترضيه وتكسبه الخبرة وتدفعه إلى الإنتاج والإبداع.

ثالثا: العمليات العقلية:

تقسم العمليات العقلية إلى قسمين هما: الانتباه والإدراك وهما عمليتان متلازمتان في العادة، فالانتباه هو تركيز الشعور في شيء، أما الإدراك فهو معرفة هذا الشيء، إذا فالانتباه يسبق الإدراك ويمهد له، أي أنه يهيئ الفرد للإدراك، مثال: أنا أنتبه إلى هذا الصوت المفاجئ فأدرك أنه صوت باب يقفل.

ويقسم الانتباه من ناحية ميزاته إلى ثلاثة أقسام:

1- الانتباه القسري: يتجه الانتباه فيه إلى المثير رغم إرادة الفرد كالانتباه إلى طلقة مسدس.

2- الانتباه التلقائي: وهو انتباه الفرد إلى شيء يهتم به ويميل إليه، وهو انتباه لا يبذل الفرد في سبيله جهدا، بل يكون سهلا طبعا.

3- الانتباه الإرادي: وهو الانتباه الذي يقتضي من المنتبه بذل جهد قد يكون كبيرا، كانتباهه إلى محاضرة.

فالإدراك الحي هو عملية تأويل الاحساسات تأويلا يزودنا بمعلومات عما في عالمنا الخارجي من أشياء.

رابعا: التذكر والنسيان:

التذكر: بمعناه العام هو استحياء ما سبق أن تعلمناه واحتفظنا به ويتضمن التذكر التعلم والاكتساب، كما يتضمن الوعي والاحتفاظ وعلى هذا يكون هناك طريقتان للتذكر هما:

1 -الاسترجاع (Recall): فهو استحضار الماضي في صورة ألفاظ، مثال: استرجاع بيت من قصيدة شعرية، أو فكرة من الأفكار، أي بمعنى هو تذكر شيء غير ماثل أمام الحواس.

2 -التعرف (Recognition): وهو شعور الفرد أن ما يدركه الآن هو جزء من خبراته السابقة، أي بمعنى تذكر شيء ماثل أمام الحواس.

يتأثر التذكر بعوامل متعددة منها:

1 -الخصائص النوعية للمادة التعليمية من حيث صعوبتها أو سهولتها، حسيتها أو تجريدها وهل هي كلمات أم أرقام، حقائق أم مفاهيم.

2 -طبيعة المادة التعليمية من حيث كونها ذات معنى أو عديمة المعنى.

3 -شكلية تقديم المادة التعليمية إن كانت سمعية أم بصرية أم لفظية أو دمج أكثر من شكلية.

4 -قدرات المتعلمين وخصائصهم ومستواهم الاقتصادي والاجتماعي وكذلك الحسي .

النسيان: هو فقدان طبيعي، جزئي أو كلي، مؤقت أو دائم لما اكتسبناه من ذكريات ومهارات حركية، فهو عجز عن الاسترجاع أو التعرف أو عمل شيء.

العوامل العامة في النسيان:

1 -النسيان بسبب مرور الزمن.

2 -النسيان بسبب ضعف الذاكرة، وهذا طبعا يعتمد إلى حد كبير على التعلم والمذاكرة، لذا فقد قسمت المذاكرة إلى أربعة أنواع:

أ- مذاكرة مناسبة: يمكن استرجاع المادة من خلالها مرة أو مرتين استرجاعا صحيحا.
ب- مذاكرة ناقصة: قد يعجز المتعلم من خلالها عن استرجاع المادة استرجاعا صحيحا أو يسترجعها مشوشة أو بطيئة.
ج- مذاكرة كافية: وتستمر بعد استرجاع المادة مرة أو مرتين.
د- المذاكرة الفعالة: وتستمر حتى بعد الانتهاء من دراسة المادة.
3 -النسيان بسبب خطأ في أسلوب التعلم. مثال: طريقة القراءة (صامته أو جهرية.(
4 -النسيان بسبب العوامل الشخصية.
خامسا: الذاكرة والتعليم:
التعليم: الحصول على المعرفة من خلال الخبرة والدراسة وتثبيت ذلك في العقل والذاكرة.
الذاكرة: هي القدرة على الاحتفاظ بالخبرات السابقة واستدعائها من العقل أو التفكير بها مرة ثانية.
عمليات الذاكرة:
أ- الترميز :(Encoding) تحويل المعلومات إلى صيغ ذات معنى.
ب- التخزين :(Storing) وضع المعلومات في جهاز الذاكرة.
ج- الاستدعاء :(Retreival) الحصول على المعلومات من مخزنها.
ويتحدث نورمان وليندسيه (Norman & Lindsay, 1977) عن وجود ثلاثة أجهزة مفترضة للذاكرة تقوم بوظائف مختلفة هي:
1 -جهاز التخزين الحسي :(SIS) Sensory Information System هذا الجهاز هو عبارة عن العمليات الإدراكية الحسية ويتضمن آليات التميز كما ويحوي هذا الجهاز صورة مفصلة لمدة زمنية ليست أكثر من أعشار الثانية.

2 -جهاز التخزين قصير المدى :(STS) Short - Term System وهذا يعني عملية الاحتفاظ بالمعلومات لمدة ثوان أو بضع دقائق.

3 -جهاز تخزين طويل المدى :(LTS) Long - Term System هذا يعني بتسجيل الخبرات بشكل دائم، وأهم ميزة لهذا الجهاز هي تنظيم المعلومات خلال عملية التخزين.

بيان وظائف الذاكرة ومراحل خزن المعلومات

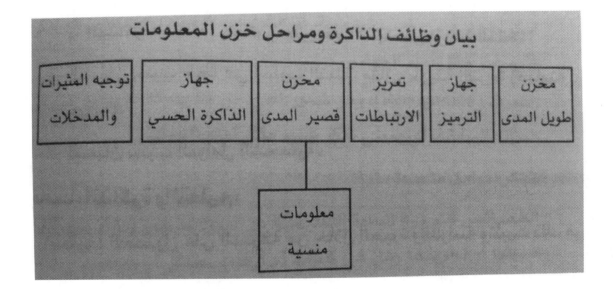

منظومة معالجة المعلومات
Information Processing Model (Gage of Berliner, 1979)

سادسا: التفكير والاستدلال:

التفكير: هو كل نشاط عقلي أدواته الرموز، أي يستعيض عن الأشياء والأشخاص والمواقف والأحداث برموزها، بدلا من معالجتها معالجة فعلية واقعية. ويقصد بالرمز كل ما ينوب عن الشيء أو يشير إليه أو يعبر أو يحل محله في غيابه.

مستويات التفكير:

1 -المستوى الحسي: ومثال عليه تفكير الأطفال الصغار، أي التفكير الذي يدور حول أشياء مفردة، محسوسة ومشخصة.

2 -المستوى التصوري: وفيه يستعين التفكير بالصور الحسية المختلفة، والتفكير بالصور أكثر شيوعا عند الصغار منه عند الكبار، أما الكبار الراشدون فقد يكون التفكير بالصورة عونا لهم على حل بعض المسائل.

3 -مستوى التفكير المجرد: وهذا يصل بنا إلى مستوى تفكير أرقى من المستوى التصوري ألا وهو مستوى التفكير المجرد (Abstract Thinking) أو المعنوي وهو التفكير الذي يعتمد على معاني الأشياء وما يقابلها من ألفاظ وأرقام.

الاستدلال (Reasoning): وهو العملية العقلية التي يستخدمها الكبار وتستهدف حل مشكلة أو اتخاذ قرار من خلال حل ذهني، أي عن طريق الرموز والخبرات السابقة وهي عملية تفكير لكنها تتضمن الوصول إلى نتيجة من مقدمات معلومة، والاستدلال في جوهره إدراك العلاقات، ففي التذكر والتخيل، إدراك علاقات بين خبرات ماضية وخبرات حاضرة.

خطوات الاستدلال:

1 -الشعور بوجود مشكلة.

2 -تحديد أبعاد المشكلة أي تحليلها إلى عناصر.

3 -فرض الفروض أو استشفاف الاحتمالات المختلفة.

4 -مناقشة الحلول.

5 -التحقق من صحة الرأي الأخير أو الحل النهائي.

مراجع الفصل الخامس

-إبراهيم ناصر. (١٩٩٤). أسس التربية. دار عمار للنشر والتوزيع، عمان.

- أنور الشرقاوي. (١٩٨. (7التعلم .. نظريات وتطبيقات. دار البحوث العلمية، الكويت.

-جورج شهلا. (١٩٧٢). الوعي التربوي ومستقبل البلاد العربية. مكتبة رأس بيروت، بيروت.

-حسين قوره. (١٩٨٢). الأصول التربوية في بناء المناهج. دار الفكر، عمان، ط٧.

-عبد الرحمن عدس. (١٩٩٨). علم النفس التربوي. دار الفكر للطباعة والنشر، عمان.

-عبد القادر كراجه. (١٩٩٧). سيكولوجية التعلم، دار اليازوري العلمية، عمان.

-محمد زياد حمدان. (١٩٨٤). التعلم الصفي. تهامة، جده.

-يوسف قطامي. (١٩٩٨). سيكولوجية التعليم والتعلم الصفي. دار الشروق، عمان.

الفصل السادس

طبيعة التعلم

أولا: معنى التعلم:

التعلم هو عملية يغير بها الإنسان مجرى حياته بصورة مستمرة نتيجة لتفاعله مع بيئته، وهذا التغير يجري في نفس المتعلم من نواح ثلاث:

1 -الناحية الفكرية: وهي ما يتعلق بتحصيل العلوم والمعارف.

2 -الناحية العملية: وهي ما يتعلق بتكوين العادات والمهارات.

3 -الناحية العاطفية: وهي ما يتعلق بتهذيب الحس الخلقي والنفسي والروحي.

يختلف معظم علماء التربية على تحديد تعريف واحد للتعلم بشكل عام، لكن مجمل التعاريف تركز على أن التعلم هو الحصول على المعرفة من خلال الخبرة والدراسة وتثبيت ذلك في العقل والذاكرة، أما الذاكرة فقد تعرف بأنها القدرة على الاحتفاظ بالخبرات السابقة واستدعائها من العقل أو التفكير بها مرة ثانية، كما ويعرف التذكر بمعناه العام بأنه استيحاء ما سبق وما تعلمناه واحتفظنا به.

من هنا لابد من توجيه نصيحة تربوية إلى أبنائنا الطلبة وإلى الزملاء القائمين على العملية التربوية بأن يجعلوا محتوى المواد التعليمية يتضمن المعرفة والقيم معا، وفي هذه الحالة سأترك موضوع القيم ليتم تحديد معناه ومضمونه من قبل كل طالب ومدرس في الجامعة. أما ما يخص جانب المعرفة فإنني سأورد أربعة أنماط لها، علما بأن هناك على الأقل (١٥٠) مفهوما تم نشرها في مجلة (Educational Psychologist) في مجلدها رقم (١٣)، العدد (٢)، عام ١٩٩٦.

1 -المعرفة التقريرية أو الإعلامية : (Declarative Knowledge)يكون من نتائج هذا النمط من المعرفة أن يعرض المدرس بيانات وأرقام وحقائق وتعاريف وقوانين مستقلة ومعزولة، ويكون الطالب خلال ذلك كله مستقبلا للمعلومات ودوره سلبي، فهذا النوع من المعرفة قد يكون مفيدا ويوفر الوقت على الدارس

والمعلم، إلا أنه يجب أن نعلم بأن التعليم الجامعي لا يعني أبدا الحصول على مخزون من المعلومات دون ربطها بواقع النشاطات الاجتماعية ودون أن تكون عملية بحث مستمرة لربط الظواهر الاجتماعية والطبيعية وتفسير بعضها ببعض.

2- المعرفة الإجرائية : (Procedural Knowledge)وتكون المعرفة في هذا النوع على شكل "كتاب الطبخ" والذي يحتوي على وصفات مختلفة وإرشادات تفصيلية للحصول على ما تريد أكله، أو ما يمكن أن يسمى بالتمارين أو المسائل الموجودة في نهاية الفصل من المقرر الدراسي والتي عادة يمكن إجابتها من خلال اتباع طريقة الحل أو المعادلات المطلوبة تماما مثل وصفات الطبخ، وهذا النوع من المعرفة قد يكون مفيدا لأن الطالب يشعر بالنجاح والسعادة خصوصا بعد توصله إلى نتائج حل صحيحة بعد استخدام المعادلات الصحيحة، ولكن أحيانا قد لا يعلم الطالب المعنى الحقيقي لهذا الحل أو للنتائج التي توصل إليها، لأنها جاءت نتيجة عملية آلية فقط.

فهذان النمطان حقيقة لا يحققان بالضرورة معرفة المحتوى لأنهما يعتمدان على الذاكرة واتباع التعليمات .فالحقائق وحدها لا توصل إلى المعرفة، وبعبارة أخرى المعرفة التقريرية والمعرفة الإجرائية قد تكون في الغالب مفيدة، وضرورية أحيانا، ولكنها ليست كافية للحصول على المعرفة المطلوبة.

3- المعرفة التصنيفية : (Categorized Knowledge)وهذه تتضمن القدرة على معرفة ما تتضمنه المناهج في المباحث المختلفة من أوجه الشبه لربط فروع المعرفة فيها بمفاهيمها ومبادئها العامة، أي بمعنى تصنيف هذه المعرفة بفئات أو درجات معينة محددة، هذا يجعل من الممكن ربط المفاهيم والأفكار المختلفة بمبادئ معرفية عامة، وهذا هو الذي يساعد في جعل الخريج ناجحا قادرا على استخدام علمه كأداة في بناء مستقبل أفضل.

4- المعرفة الفعالة: (Operative Knowledge) وهي التي يمكن من خلالها بناء جسور من العلاقات الترابطية بين المعرفة الرسمية والحقائق والقوانين

والمبادئ والنماذج من وجهة نظر نفسية، وهي المعرفة التي تركز على الأسئلة التالية:

هل للمعرفة وقت؟ هل المعرفة واضحة ومفهومة؟ هل هي مقبولة للفرد والمجتمع؟ هل تساعد في حل مشاكل حقيقية؟

من خلال هذا كله فإن النصيحة تكمن في أخذ وتطبيق المبادئ التالية:

أ- تلقين المادة لا يعتبر تدريسا.

ب- خزن المعلومات في الذاكرة ليس تعلما.

ج- استرجاع ما يخزن من مادة ليس دليلا على الفهم.

ثانيا: نظريات التعلم:

1 -نظرية التعلم بتداعي الأفكار: وفحوى هذه النظرية أن ما يكتسبه المتعلم من علم جديد يترجم على الغالب في اختباره القديم، فيتكون من القديم والجديد كتلة علمية موحدة، ولعل ما أثبتته التجارب التي أجريت في هذه النظرية أن الأشياء عادة تتداعى إذا كان بينها شيء من الترابط، ويتم الترابط إذا كان هناك نوع من التقارب، التتابع، التماثل، التخالف، ترادف الكلمات، فإن من العوامل الفعالة في الحفظ وتداعي الأفكار أن يرتبط بالكل في ذهن المتعلم.

2 -نظرية التعلم بالمقارنة: وهذه النظرية تنطوي على نوع من التداعي، إلا أنه تداع بين المحركات والردود لا بين الألفاظ والأفكار بوجه عام.

ومن هذه النظريات نظرية الاشتراط لبافلوف (Pavlof) والذي أجرى دراسته على الكلاب (إسالة اللعاب) إذ لاحظ أن الكلب يتحفز للأكل ليس عند مشاهدته الطعام فحسب، بل عند مشاهدة الصحن الذي يقدم فيه الطعام، فاستنتج من هذا أن ذلك الحيوان استطاع أن يقارن المحرك الطبيعي، وهو رؤية الطعام بمحرك غير طبيعي هو مشاهدة الشخص الذي اعتاد أن يقدمه إليه.

والنظرية الأخرى هي لواطسن والتي تتعلق بالانفعالات النفسية إذ أجرى

تجاربه على طفل رضيع يقارب عمره السنة الواحدة ليرى هل يستطيع أن يعلمه الخوف من فأرة بيضاء بعد أن كان الطفل قد ألفها عدة أسابيع، فوضعت الفأرة أمام الطفل ليلعب بها حسب عادته، وما كان يمد يده إليها حتى أسمعوه صوتا مزعجا فذعر الطفل ومن تكرار هذه العملية اتضح لواطسن أن الذعر الذي كان يسببه الصوت القوي وهو المحرك الطبيعي، صارت تسببه الفأرة البيضاء، وهي المحرك غير الطبيعي.

وكخلاصة إن من أهم شروط التعلم بالمقارنة وجود الثواب أو المكافأة. وبتعبير آخر، إن الرد على المحرك غير الطبيعي لا يثبت ويتقوى إلا إذا اتبع بالمحرك الطبيعي.

3 -نظرية التعلم بالتجربة وحذف الخطأ: ترى هذه النظرية أن الفرد يجرب الأشياء ونتيجة للتجريب يحتفظ بالأشياء الصالحة ويبتعد عن الأشياء الخاطئة، وأول الحيوانات التي أجريت عليها التجارب هي "الفراخ" وذلك بوضع فرخه جائعة وفصلها عن رفيقاتها وقت الطعام واحتجازها في دهليز ضيق وليكن لهذا الدهليز طريقان، إحداهما غير نافذ والآخر نافذ يؤدي إلى الطعام وإلى الرفيقات، لوحظ بأن الفرخه تحاول الخروج بشتى الوسائل. وأخيرا بعد حذف التجارب الخاطئة والاحتفاظ بالتجارب الصائبة تهتدي إلى الطريق المؤدي إلى الخلاص.

وقد أجريت مئات التجارب على مختلف الحيوانات كالجرذان والهرة... وإذا راقبنا حركات الطفل ولاحظنا كيف يتعلم المشي والجري والقفز والتسلق والكلام والقراءة وغير ذلك، أيقنا أنه يتعلم الشيء الكثير بالتجربة وحذف الخطأ.

أخيرا إن وجود الثواب أو المكافأة هو من أهم شروط التعلم بالتجربة وحذف الخطأ، وهو أهم شروط التعلم بالمقارنة.

4 -نظرية التعلم بالتبصر: رأى صاحب هذه النظرية كوهلر (Kohler)أن الحيوانات التي أجريت عليها التجارب تحبس عادة في قفص أو دهليز ضيق متشعب المسالك، دون أن يفسح لها المجال النظر في الموقف الحرج الذي وضعت

فيه، فلا يبقى لها في هذه الحالة إلا أن تتخبط تخبط الأعمى متلمسة طريق الخلاص على غير بصيرة.

لهذا قام العالم بإجراء العديد من التجارب على الحيوانات مثل الكلاب والقردة في جو طبيعي ملائم، وقد اختار لمعظم تجاربه حيوانا شديد الذكاء وهو القرد من نوع (Chimpanzee) ووضع له موزة خارج القفص وربطها بحبل ممتد إلى أرضه فلما رأى القرد الموزة مد يده نحوها فتعذر عليه الوصول إليها، ثم وقع نظره على الحبل فتأمل فيه، وما لبث أن شده حتى وصلت إليه الموزة فأكلها.

وقد استنتج هذا العالم من تجاربه العديدة أن التعلم يحصل بالتبصر حتى عند الحيوان، وما لا شك فيه أن الشيء الكثير مما يتعلمه الإنسان يتعلمه بهذه الطريقة.

أصول التعلم:

أولا: التشويق إلى التعلم:

1- قانون التشويق: نادى به ثورندايك (Thorndike) وفحوى هذا القانون أن الإنسان يميل بطبيعته إلى ما يسره ويتجنب ما يسوءه، ويقصد منه كل ما يعمل على تحقيق الرغبات وبلوغ الأماني، فالجهد هنا وليد الرغبة.

2- مقاييس المشوق الصالح:

أ- أن يكون المشوق إيجابيا: بمعنى أن يشبع ميول الإنسان فيبعث في نفسه الغبطة والسرور.

ب- أن يكون المشوق داخليا: المشوق من حيث مصدره يقسم إلى نوعين:

- مشوق داخلي بمعنى أنه صادر عن المتعلم، فينبثق من نشاطه التربوي.

- ومشوق خارجي بمعنى أنه صادر عن غير المتعلم وليس له علاقة مباشرة بنشاطه التربوي، ولعل أفضل وسيلة لانبثاق المشوق من النشاط المدرسي أن يحمل المتعلم على الاعتقاد بأن هذا النشاط

له قيمة كبيرة في حياته اليومية، فإذا اقتنع بقيمة الواجبات المدرسية اقتناعا كليا فإنه سيواصل الاشتغال بها حتى النهاية.

3 -أن يستثمر المشوق شعور المتعلم بالنجاح: المتعلم بحاجة ماسة دائمة إلى الشعور بالنجاح، فالنجاح ينشطه إلى العمل ويزيده إقبالا على العلم ويرسخ تقدمه فيه، ولذا ترى المدرسة الحديثة لزاما عليها أن تحفظ لكل تلميذ سجلا خاصا يدون فيه من أسبوع إلى أسبوع أو من شهر إلى شهر تقدمه بمختلف النشاطات المدرسية، وذلك لأن الإنسان يجد في عمله عندما يشعر بنجاحه فيه.

4 -أن يراعي المشوق نفسية المتعلم: إن حالة المتعلم الشخصية والاجتماعية تمثل دورا مهما في نجاح تشويقه، فلابد للمشوق قبل كل شيء أن يراعي سن المتعلم ودرجة نموه ونضجه وحالة المتعلم الانفعالية.

5 -أن لا يكون المشوق غاية في الشدة: أن لا يكون للمشوق شدة الأثر في نفوس المتعلمين بحيث يملل عليهم مشاعرهم فإنه ينقلب إلى غاية في نفس المتعلم فيضيع أثره وقد يكون له أثر معكوس، مثال: قد تصاب القردة بنوبات عصبية مقلقة بدلا من أن تزداد رغبة في الموزات المنشودة.

ثانيا: الاقتصاد في عملية التعلم:

1 -قانون الممارسة: فحوى هذا القانون إن الإعادة مدعاة إلى الحفظ والإهمال مدعاة إلى النسيان، بالإعادة والممارسة يتمكن المتعلم بما يتعلم، سواء كان مهارة عقلية أم حذاقة ذهنية أم اتجاها خلقيا، وبالإهمال والإغفال يتعرض المتعلم للنسيان فتذهب جهوده ضياعا، ولكي يأتي هذا القانون بالنتائج المطلوبة يجدر بالمعلم أن يراعي القواعد الآتية:

أ- علم التلميذ أصول المهارة بادئ ذي بدء، بمعنى أن يتفهم المتعلم بالضبط ما هي الحركات التي تتألف منها المهارة، والثاني أن يلاحظ ملاحظة دقيقة كيف تمارس تلك الحركات على أحسن وجه.

ب- مرن التلميذ على المهارة وفقا للأصول، فبعد أن تعلم التلميذ أصول المهارة يجب عليه أن يمارسها وفقا لهذه الأصول.

ج- احترس من ممارسة الخطأ، فمن الضروري أن تكشف الأخطاء وتصحح قبل التمادي فيها، وتلافيا لممارسة الأخطاء يجدر بالمعلم أن يراعي ما يلي:

1- أن درهم وقاية خير من قنطار علاج. ويتم ذلك من خلال الإشراف والإرشاد على تعليم الأولاد.

2- احذر من ارتكاب الخطأ أمام المتعلم.

د- عود التلميذ التعلم بطريقة الإجمال بدلا من طريقة التجزئة.

ولا يخفى أن المتعلم إذا ترك وشأنه مال إلى استعمال طريقة التجزئة على عمقها ظنا منه أنها أقرب متناولا وأكثر اقتصادا في الوقت والجهد، والواقع أن سرعة النتائج التي قد ترافقها وهمية مؤقتة، وهو إذا مارس طريقة الإجمال فلا يلبث أن يرى محاسنها وما تنطوي عليه من توفير في الوقت والجهود ومثال ذلك القصائد الشعرية وطريقة حفظها.

2- قانون الأهبة: وفحواه أن المتعلم يجب أن يكون متأهبا للتعلم وإلا ضاعت الجهود في تعليمه، ويعتقد علماء النفس أن الأهبة للتعلم مشروطة بثلاثة أمور جوهرية:

أ- رغبة المتعلم في العلم، وهو ما تم شرحه عند التحدث عن قانون التشويق.

ب- تيسر الخبرات القديمة التي تبنى عليها خبراته الجديدة، وتم شرح هذا الموضوع عند مناقشة نظرية التعلم بتداعي الأفكار.

ج- النضج الفيزيولوجي، حيث يعزى نمو الطفل بشكل عام إلى عاملين أساسيين هما: عامل النضج الفيزيولوجي وعامل التعلم، والعلاقة الوثيقة بين هذين العاملين تقود إلى ما يلي:

1 -المهارات المبنية على حركات الطفل الطبيعية يسهل تعلمها مثل نطق الطفل الكلمات التي تتمشى مع حركات فم الطفل مثل: بابا، ماما...إلخ، حيث إن هذه الكلمات لا تحتاج مجهود كبير خصوصا وأن عضلات فم الطفل تكون غير مكتملة النمو.
2 -نضج الطفل عامل أساسي في إمكانات التعلم وسرعته.
3 -كلما ازداد الطفل نضجا قلت كمية التمرين اللازمة لبلوغه درجة معينة من الإتقان .
4 -التمارين التي تجرى قبل الأهبة النضجية قد لا تأتي بتقدم ما، وقد تأتي ببعض التقدم ولكنه مؤقت، مثال: التجارب التي أجريت على الأطفال الرضع في الأشهر الأولى من حياتهم بقصد تدريبهم على ضبط عمل المثانة...أثبتت النتائج بأنه يتعذر على الرضيع أن يتعلم هذا الضبط قبل بلوغه درجة معينه من النضج الفيزيولوجي.
5 -التمرين السابق للأوان مع الإخفاق والحينية قد يكون ضرره أكثر من نفعه.

ثالثا: انتقال التعلم:

ويعني أن يتمكن المتعلم من نقل معارفه ومهاراته واتجاهاته من حيز الفكر إلى حيز العمل.

نظريات الانتقال:

1 -نظرية الترويض العقلي: وفحوى هذه النظرية أن عقل الإنسان يتألف من ملكات مختلفة للذاكرة والمحاكاة وغيرها ومتى تم شحذ هذه الملكات بالمادة الدراسية المناسبة فإنها تصبح قادرة على كل عمل عقلي ومتى تقوت الذاكرة فإنها تشحذ سائر ملكات العقل.

2- نظرية العناصر المشتركة: أصحاب هذه النظرية هما العالمان Thorndike & Woodworth:وهذه النظرية تقوم على أساس أن الإنسان يتعلم الشيء الجديد وذلك من الاستفادة من أوجه الشبه القائمة بين هذا الشيء الجديد والشيء القديم الذي سبق وأن تعلمه، ومن العناصر المشتركة بين الأشياء النشاط الذي يقام به، مثال: لعبة كرة السلة والطائرة وأيضا المعلومات مثل المعلومات التاريخية وفهم آداب اللغة في عصر من العصور، ومن العناصر المشتركة أيضا الاتجاهات والعادات.

3- نظرية القواعد الأساسية: صاحب هذه النظرية هو (Judd)الذي يقول بأن انتقال التعلم ينشأ عن إدراك المتعلم أن النشاط القديم ينطوي على قواعد أساسية يمكن تطبيقها على النشاط الجديد، مثال: مخترعو الطائرة الأولون مثلا استعملوا نفس القواعد الأساسية التي كانوا قد تعلموها في تطيير طيارة الورق.

الفوائد العلمية لانتقال التعلم:

1- يفضل عدم المبالغة في الاعتماد على نشاط قديم مألوف لمعرفة نشاط جديد.

2- إن انتقال التعلم لا يرجع الفضل فيه إلى مواد التعلم بقدر ما يرجع إلى طريقة تعليمها وتعلمها.

3- إن انتقال التعلم لا يحدث من تلقاء نفسه بل يحتاج إلى جهود كبيرة يبذلها المعلم والمتعلم في سبيله.

4- من أهم شروط الانتقال أن يكون هناك ثمة تعلم صحيح مبني على الفهم والإدراك، وكلما ازداد المتعلم فيها إدراكا لما يتعلم ازدادت إمكانية انتقال علمه من نشاط إلى نشاط

5- يجدر بالمعلم أن يجعل النشاط بالمدرسة شبيها بالنشاط خارج المدرسة، وكلما ازداد هذا التشابه ازداد أثر المدرسة في حياة الأفراد والجماعات.

6 - يجدر بالمعلم أن يعنى عناية خاصة بتكوين العادات الصالحة والاتجاهات القويمة والأساليب المجدية، وأن تكون هذه جميعها من السعة والشمول بحيث يسهل انتقالها .

فيمكن للمعلم هنا من تسخير النشاطات الصفية واللامنهجية لتسهيل انتقال التعلم. فمثلا بدلا من استخدام الحجارة وأعواد الكبريت لتعليم الأطفال العد، يمكن استخدام النقود الحقيقية أو قطع مشابهة لها.

مراجع الفصل السادس

- إبراهيم ناصر .(١٩٩٤) . أسس التربية ، دار عمان للنشر والتوزيع ، عمان.

- أحمد زكي صالح .(١٩٧١) . نظريات التعلم ، مكتب النهضة المصرية ، القاهرة.

- جورج شهلا ، عبد السميع الحربلي . (١٩٧٢) . الوعي التربوي ومستقبل البلاد العربية ، مكتبة رأس بيروت ، بيروت.

- عبدالرحمن عدس. (١٩٩٨) . علم النفس التربوي ، دار الفكر للطباعة والنشر ، عمان.

- عبدالقادر كراجة (١٩٩٧) . سيكولوجية التعليم ، دار اليازوري العلمية ، عمان.

- عبد الله الرشدان ، نعيم جعنيني. (١٩٩٤) . المدخل الى التربية والتعليم ، دار الشروق للنشر والتوزيع ، عمان.

- يوسف قطامي . (١٩٩٨) . سيكولوجية التعليم والتعلم الصفي ، دار الشروق ، عمان.

الفصل السابع

اللغة والتفكير في التربية

اللغة والتربية:

تأتي أهمية اللغة من أنها وسيلة لغاية، وهي جزء من كيان الشعب الروحي وهي رمز وحدته الروحية وركنها الأعظم، فهي مرآة صافية تنعكس منها عواطف الإنسان.

وظائف اللغة:

1- اللغة أداة للاتصال والتفاهم.

2- اللغة أداة للتعبير عن النفس بصرف النظر عن إيصال هذه الأفكار والعواطف إلى الآخرين.

3- اللغة أداة لتحصيل العلم وتوسيع الاختيار، فإذا قيس عمر الإنسان بمقياس علمه وسعة اختياره - كان للغة فضل كبير في إطالة العمر، إذ إن قراءة ساعة في وقت الفراغ تعادل حياة شهر أو يزيد، ومن هذا تظهر أهمية تعلم اللغات الأجنبية بالإضافة إلى اللغة القومية وذلك من أجل الإطلاع على ما تحويه تلك اللغة من الكنوز العلمية والثقافية.

4- اللغة أداة للتفكير، فالفكر لا يتجلى في ذهن المفكر حتى يوضع في قالب لغوي أو ما يشبهه.

5- اللغة أداة لتوثيق الروابط القومية وذلك للأسباب التالية:

أ- إن استعمال لغة واحدة أدعى إلى التقارب والتفاهم بين أفراد الأمة من استعمال لغات عديدة أو لهجات محلية مختلفة.

ب- إن لغة القوم مستودع تراثهم وبواسطتها ينشر هذا التراث وينقل من جيل إلى جيل.

كيف يؤدي التعلم وظائف اللغة:

1- افسح للتلميذ مجال الحديث مع الآخرين وشجعه ما أمكن على أن يعبر لهم عن حاجاته ورغباته وعواطفه.. فإتقان التعبير حاصل مع مرور الأيام بفضل التدريب الصحيح والتمرين المتواصل.

2 - عود التلميذ صحة التعبير بتعود صحة التفكير.

3 - احسن اختيار مواضيع الإنشاء، فإن خير مواضيع الإنشاء هو ما يثير في نفس التلميذ الرغبة في الكتابة.

4 - لا تشغل التلميذ بتطبيق القواعد عن حسن التعبير.

5 - درب التلميذ على السرعة في فهم ما يقرأ، ومن أهم الأساليب التي تساعد على سرعة الفهم القراءة الصامتة.

6 - انزل اللغة القومية المنزلة الأولى بين اللغات.

القراءة:

القراءة عملية تواصل بين القارئ والكاتب، وفقا لخصائص عملية التواصل وطبيعة المادة المقروءة، والاستعدادات التي قد تدفع المتعلم للتواصل أو تحول بينه وبين التواصل مع المادة المقروءة. وتتضمن القراءة عمليتين مرتبطتين متزامنتين هما:

1 - العملية الميكانيكية الآلية التي تجلب المثيرات إلى الذهن.

2 - العملية العقلية المسؤولة عن تفسير تلك المثيرات المجلوبة من خارج الذهن إلى داخله.

أي الربط بين الرموز (الكلمات) ومعانيها من خلال الخبرات السابقة لدى المتعلم ومن خلال السياق، إلا أن الفهم عنصر أكثر أهمية من الربط نفسه وهو يتضمن مهارات فرعية هي:

1 - القدرة على ربط الخبرات والمعاني بالرموز اللغوية المكتوبة.

2 - القدرة على التفاعل مع الصور المحسة (بصرا، سمعا، شما، لمسا، ذوقا.)

3 - القدرة على تفسير تلميحات السياق والكتابات.

4 - القدرة على فهم الكلمات واختيار أكثر المعاني مناسبة للسياق نفسه.

5 - القدرة على تعميق المعاني المتدرجة.

6 - القدرة على اكتشاف الفكرة الرئيسية وفهمها.

7- القدرة على اكتشاف التفاصيل الدالة.

8- القدرة على تفسير التنظيم الذي جاءت فيه الجمل والفقرات.

9- القدرة على تنفيذ التعليمات المكتوبة.

10- القدرة على التمكن من العلاقات، الجزء بالكل، والسبب بالنتيجة والعموم بالخصوص.

11- القدرة على تفسير التغيرات والجمل المجازية.

12- القدرة على الاستدلال والاستنتاج وتقويم التفاصيل المقروءة.

13- القدرة على التنبؤ بالنتائج وتوقعها.

14- القدرة على اكتشاف الزيف والصدق والتقرير والإنشاء في المكتوب.

15- القدرة على اكتشاف الأفكار وترتيبها.

وجميعها تسمى بمهارات الفهم.

لماذا نقرأ؟

عندما أطلق الروس قمرهم الصناعي الأول، اهتزت الأوساط التربوية في أمريكيا وكان السؤال الكبير هو: كيف استطاع الروس أن يسبقونا في مضمار الفضاء؟ وبعد الدراسات المستفيضة جاء الجواب: لقد أخفقت المدرسة الأمريكية في تعليم تلامذتها القراءة الجيدة، ورفع المسؤولون عن التربية شعارا يؤكد أن (من حق كل طفل أن تهيأ له جميع الفرص ليكون قارئا جيدا.(

الهدف من القراء أو أهداف القراءة:

إن القارئ الذي يسعى للوصول إلى هدف ما هو قارئ شغوف ذلك أن ما يسعى إليه من غرض يجعله مدركا السبب الذي من أجله يقرأ سواء كان ذلك من أجل:

1- المعلومات.

2- لحل مشكلة ما.

3- لينفذ تعليمات وتوجيهات.

4- للتسلية.

5- لمزيد من التفاصيل.

6- للوصول إلى استنتاجات.

7- ليتحقق من صدق بعض القضايا أو كذبها.

8- أو لتقييم المادة المقروءة وهو ما يسمى بالقراءة الناقدة.

والفهم مهارة مركبة ومعقدة، وهناك مجموعة مهارات متصلة بهذه المهارة منها:

أولا: معاني الكلمات:(Words Meanings)

هناك ارتباط عال بين سعة القاموس اللغوي للفرد ومستوى الفهم وحتى إذا كان مستوى الذكاء ثابتا فإن ثمة علاقة ارتباط عالية بين مستوى الفهم وكفاية القاموس اللغوي.

والفهم يقتضي أن يعرف التلميذ معاني بعض الكلمات والقدرة على اختيار أنسب تلك المعاني حسبما يقضي بذلك السياق وهناك مبادئ تعين المعلم في تنمية مهارة فهم معاني الكلمات وتحسينها وهي:

1- ليس للكلمة الواحدة معنى واحد.

2- المعنى المحدد للكلمة هو وليد السياق المستعمل فيه الكلمة.

3- أن تعدد معاني الكلمة يعتمد على خبرات القارئ.

4- أن لدى الطفل قدرا كبيرا من المعاني وقد يستخدم المترادفات أو المقابلات أو الصور والأشكال والتحليل الصوتي حتى يحدد المقصود منها.

ثانيا- معنى الجملة:

يعتمد المعنى التام للجملة على أمور كثيرة منها علامات الترقيم وترتيب الكلمات والسمات النحوية للكلمات في الجملة، وصيغ الزمن النحوي في أفعال الجملة والعدد والضمائر ومختلف أدوات الربط.

ثالثا- معنى الفقرة:

والفقرة سلسلة متتابعة من الجمل التي تتضمن فكرة واحدة رئيسة، وتصاغ الجمل في الفقرة بطريقة منظمة ترتبط الواحدة منها بغيرها في تتابع ومنطق مقبول.

رابعا- قراءة السياق:(Cantext's Reading))

وتتطلب هذه المهارة الاحتفاظ بمعنى ما قرئ والقيام ببعض الاستنتاجات من خلال المقروء. فالسياق يحمل في ثناياه عددا من التلميحات التي تكشف عن المعنى سواء كان ذلك للكلمة أو الجملة أو للفقرة.

خامسا- القراءة لاكتشاف الفكرة الرئيسة:(Reading For Main Idea)

إن تحديد الفكرة الرئيسة يستند على الفهم المدقق للكلمة والجملة والفقرة، وتحديد الفكرة الرئيسة أمر في غاية الأهمية لتفسير المكتوب وفهمه.

سادسا- القراءة من أجل التفاصيل:(Reading for Detalils)

ويكون هذا النوع من القراءة ممكنا بعد أن يتمكن التلميذ من اكتشاف الفكرة الرئيسة، والتعود على تنفيذ التعليمات وهو نوع من القراءة للتفاصيل، ففي كل خطوة ينجزها التلميذ قيمة ومعنى ومغزى.

سابعا- مهارات التنظيم:

القارئ الجيد منظم قادر على اكتشاف التنظيم الذي ينتمي إليه الموضوع المكتوب، يتفاعل مع المادة المكتوبة محددا أطرها الكبيرة، فكلما أمعن في القراءة مكتشفا العلاقة بين الفكرة الرئيسة والأفكار الفرعية.

ثامنا- التلخيص:(Summrizing)

والتلخيص نوع من الأفكار المضغوطة التي تركز على الحقائق المهمة والأفكار الرئيسة في شكل موجز مفيد.

تاسعا: القراءة للتقويم "القراءة الناقدة:(Critical Reading) "

القارئ الذي يفهم النص هو بالضرورة قارئ ناقد قادر على التمييز بين الغث والثمين والجيد والأقل جودة، ويتخذ لنفسه موقفا من ذلك الكم المقروء.

عاشرا: القراءة للتعلم:(Reading for Learning)

إن القراءة الكاملة لا تعدو أن تكون دائرة لا يمكن بحال أن تغلق إلا بالمرور بخطوات أربع هي: التعرف والفهم والتفاعل ثم التكامل، وبهذه الخطوة الأخيرة تكتمل القراءة التي لا يمكن أن تتم بدون الفحص والدرس كما لا يمكن بحال أن تكون خالية من الفهم وذلك التكامل هو صلب عملية التعلم.

التفكير والتربية:

يقول ديكارت: "إني أفكر إذن إنني موجود"، إن القدرة على التفكير شأنها كشأن سائر القدرات موزعة بين الناس جميعا بنسب متفاوتة، وأن الفوارق بينهم من جهة التفكير كالفوارق الفردية من سائر الجهات، فالقدرة على التدريب لا تنمو من تلقاء نفسها وإنما تنمو بالتدريب المنظم المتواصل على حل المسائل والمشكلات، لأن التدريب هو أهم أهداف التربية.

أنواع التفكير:

1 -التفكير الحلمي (أحلام اليقظة): إذ يبني الإنسان قصورا في الهوى ويسترسل في آماله وأمانيه.

2 -التفكير العلمي: وهو الذي يساعد المرء على حل المشكلات البسيطة.

3 -التفكير التبريري: وهو الذي يحاول صاحبه أن يبرر عمله أو شعوره وأن يضع اللوم على الآخرين، ويعلق كافة أخطائه علي مشاجب الآخرين.

4 -التفكير العميق الخلاق: وهو الذي يتناول المعضلات والمشكلات الخطيرة ويهدف إلى الإبداع والاختراع والإصلاح.

عملية التفكير:

1- درجات ديوي (Dewey) وطريقته:

أ- درجة الشعور بالمشكلة والتي تثير في نفسه شيئا من الخبرة والاستغراب وتدفعه إلى التفكير بغية معالجتها.

ب- درجة فهم المشكلة والتي بموجبها يحدد معناها ويحللها إلى العناصر التي تتألف منها.

جـ- درجة جمع المعلومات التي تساعد على حل المشكلة وذلك من خلال ذكرياته ومشاهدته أو من دراساته ومحادثاته.

د- الدرجة (المرحلة) التي يفرض فيها الحلول لحل المشكلة.

هـ- الدرجة التي يختبر الفروض التي وضعها لحل المشكلة.

2- مراحل واليس (Wallas):

أ- مرحلة الاستعداد (تحديد المشكلة وتحليلها إلى عناصرها.)

ب- مرحلة الحضانة (والتي بموجبها تختمر الحلول في ذهن المفكر.)

جـ- مرحلة الاستنارة (والتي بموجبها ينبثق الحل أو الفكرة.)

د- مرحلة الامتحان أو النقد.

الفروق بين واليس وديوي:

أ- مراحل واليس تنطبق على التفكير في أي حقل من حقول العلم.

ب- إن واليس لم يقيدها بطريقة تعليمية خاصة بل تركها بلا قيد.

تدريب التلاميذ على التفكير:

1- اخلق للتلميذ جوا مثيرا للتفكير، وذلك من خلال إثارة الرغبة الشديدة في نفسه لمعالجة المشكلة، وهذا يتطلب ما يلي:

أ- أن تكون المشكلة حقيقية و سهلة الفهم.

ب- أن تتلائم المشكلة مع مقدرة التلميذ على التفكير.

2 -مرن التلميذ على تحديد المشكلات وحصر الذهن وقت معالجتها، وذلك من خلال إتاحة الفرصة للتلاميذ لفهم المشكلة وتحديدها قبل البدء بمعالجتها وأن لا يسمح لأحد بالخروج عن موضوع البحث في أثناء المناقشات حتى يتعودوا على حصر الذهن في المشكلة.

3 -عود التلاميذ الاستعانة بالمعلومات على حل المشكلات.

4- درب التلاميذ على التأني في الحكم وذلك لأن من أخطاء التفكير التسرع في الحكم وإصدار التعميمات، وحتى يتجنب التلاميذ التسرع يجب مراعاة ما يلي:

أ- أن لا يصدر تعميما إلا إذا كان التعميم مستندا إلى شواهد عديدة.

ب- أن يتحقق من هذه الشواهد قبل الاعتماد عليها.

جـ- أن يتيقن من صحة استقرائه واستنتاجه وأن يتمعن ذلك بشتى الوسائل الممكنة.

د- أن يكون مستعدا لتعديل تعميمه أو الإقلاع عنه إن ثبت لديه خطأه.

5- شجع التلاميذ على حل مشكلاتهم بأنفسهم وذلك من خلال موقف المعلم كموقف المحرك النشط والمرشد الحكيم والهادي الأمين ويسدد خطواتهم ويوجه تفكيرهم ويمنعهم من التمادي في الخطأ.

مراجع الفصل السابع

- اخليف الطراونة. (٢٠٠٢ - ٢٠٠٠). محاضرات مبادئ التربية لطلبة البكالوريوس في جامعة مؤتة.
- جورج شهلا، عبد السميع الحربلي. (١٩٧٢). الوعي التربوي ومستقبل البلاد العربية. مكتبة رأس بيروت.
- عبد الرحمن عدس. (١٩٩٨). علم النفس التربوي. دار الفكر للطباعة والنشر، عمان.
- عبد الله الرشدان، نعيم جعنيني. (١٩٩٤). المدخل إلى التربية والتعليم. دار الشروق للنشر والتوزيع، عمان.
- لطفي بركات أحمد. (١٩٧٩). في مجالات التربية المعاصرة. مكتب النهضة المصرية، القاهرة.
- ناديا هايل السرور. (١٩٩٨). مدخل إلى تربية المتميزين. دار الفكر للطباعة والنشر، عمان.

الفصل الثامن

الثقافة والتربية

مقدمة:

الأسرة هي البيئة الطبيعية التي تتعهد الطفل بالتربية لأن غريزة الأبوة والأمومة هي التي تدفع بكل من الأب والأم إلى القيام برعاية الطفل وحمايته، ولا سيما في السنوات الأولى من الطفولة. لذلك نستطيع أن نميز بين المستوى الثقافي في أسر الأطفال من لغة الأطفال وقاموسهم اللغوي وأسلوبهم ومعارفهم العامة.

فإنه لا يمكن التحدث عن الأصول الثقافية لأي مجتمع من المجتمعات بمعزل عن الأسس الأخرى ، فلا يمكن دراسة التربية وفهمها من زاوية الفرد وحده، أو من زاوية المجتمع مجردا عن حياة الأفراد بشكل عام ، فالتربية لا تعمل في الفراغ، وإنما تستمد مقوماتها من ثقافة المجتمع، ولا تربية بدون أساس ثقافي تقوم عليه، وأساس التربية يقوم على المحافظة على التراث الثقافي ، وذلك لتوحيد الأفراد وتوجيه سلوكهم وأفكارهم، وبالإضافة إلى ذلك تقوم التربية على تحسين عناصر التراث الثقافي كي تضمن للمجتمع التطور و الازدهار.

فالحضارة الإنسانية التي يعيشها الإنسان في الوقت الحاضر هي نتيجة التراث المتراكم الذي انتقل إلينا عبر السنين من جيل إلى جيل بواسطة وسيلة هامة ألا وهي التربية.

والثقافة عبارة عن كلمة تتداولها كل الأوساط والطبقات والفئات من الزاوية التي تهمها أو ترضي حاجة عندها، فهي كلمة نصف بها ممارساتنا التي نقوم بها في حياتنا، وهي السلوك الذي يرضى عنه إنسان مجتمع معين ويرتضيه لنفسه. وهي النظام الذي يقبله و يقبل التعامل به مع غيره، وهي المظهر الذي يميز فئة من الناس عن فئة أخرى، وهي النمط الذي يسير عليه مجموعة من بني البشر، معبرا عنها برموز وأفعال وكلمات وسلوك وهي في محتواها مادية وغير مادية، حيث إن لكل مجتمع من المجتمعات أسلوبا معينا للسلوك يحدده ويحذره كمحصلة للتجارب والمعارف التي يكتسبها والتي تكون لديه مزيج من القديم والحديث، فالثقافة هي كشف لهذا الأسلوب والعمل على الإبداع فيه، وهي أيضا الإمتاع الفكري للحياة في هذا المجتمع أي مجتمع.

تعاريف الثقافة:

تناول العلماء مفهوم الثقافة كل من الزاوية التي تخدم تخصصه، وتوصله إلى هدفه. فالمؤرخون يرون أن الثقافة تعني التراث الاجتماعي لبني البشر، وعلماء الاجتماع يرون أن الثقافة تعني الجانب الفكري من التقدم البشري، في حين تعني الحضارة الجانب المادي من التقدم البشري.

كما يرى بعضهم أن الثقافة هي المدنية، وعلماء النفس يرون أن الثقافة نوع من السلوك الشخصي النابع من التفكير الموروث، أما علماء الإنسان فيرون أن الثقافة هي العنصر الأساسي أو الصفة المميزة التي تميز بين المجتمعات البسيطة والمعقدة، وعلماء الإنسان هم الفئة التي اهتمت ولا تزال تهتم بالثقافة وجعلتها محور دراستها وأفردت لها فرعا من تخصصها وهو (الانثروبولوجيا الثقافية).

وسأورد في هذا الفصل بعضا من تعاريف الثقافة على ألسنة معرفيها من علماء دراسة الإنسان وغيرهم من المهتمين بهذا المصطلح:

1- تايلور (Tyler): الثقافة هي ذلك المركب الذي يشمل: المعرفة والمعتقدات والفنون والأخلاق والقانون والعرف والعادات وسائر الممكنات، التي يحصل عليها الفرد باعتباره عضوا في مجتمع.

2- كلباتريك (Kelpatric): الثقافة هي كل ما صنعته يد الإنسان وعقله من مظاهر في البيئة الاجتماعية، أي كل ما اخترعه الإنسان أو اكتشفه، وكان له دور في العملية الاجتماعية.

3- نيللر (Niller): الثقافة هي جميع طرائق الحياة التي طورها الإنسان في المجتمع.

4- روبرت فيلد (Robert Field): الثقافة جسم منظم من المفاهيم الاصطلاحية المعرفية.

مما تقدم يتضح لنا أن الثقافة تتحدث عن نفسها في كل مجتمع من المجتمعات، فهي تعلمنا كيف يتعامل أحدنا مع الآخر، كما تبين لنا ما نتوقعه من بعضنا، هذا ويمكن جمع محتويات التعاريف السابقة الذكر وتعاريف علماء آخرين للثقافة في تعريف عام كما يلي: " الثقافة هي مجموعة من المعارف والفنون واللغات، والقيم، والمعتقدات، والتقاليد، والعادات، والأخلاق، والنظم، والمهارات، وطرق التفكير، وأسلوب الحياة، والعرف، والفن، والنحت، والتصوير، والرقص الشعبي، والأدب، والرواية، والأساطير، ووسائل الاتصال والانتقال،وكل ما صنعته يد الإنسان وأنتجه عقله من نتاج مادي ومعنوي أو توارثه، إضافة إلى تراثه نتيجة عيشه في مجتمع معين ".

عناصر الثقافة:

1 -العموميات أو العالميات (Universals)أو محتوى الثقافة:

وتتمثل في العناصر الثقافية السائدة في مجتمع ما، وتوجد بصفة عامة عند كل الأعضاء البالغين في المجتمع الواحد بغض النظر عن الفروق الطبقية أو المهنية السائدة بينهم ، وذلك مثل اللغة وأنواع الأطعمة ونوعية العلاقات الإنسانية التي يسير عليها المجتمع من نظام سياسي واجتماعي واقتصادي وغير ذلك.

مثال :بواسطة اتباع طريقة سلوك معينة، يمكن التمييز بين الأمريكي والعربي والصيني... وذلك من خلال طرق اللبس ، تكلم اللغة، معرفة الشعائر الدينية، والنظم الاقتصادية... فبهذه العموميات نستطيع تمييز الأجناس بعضها عن بعض، وقد أطلق عليها أيضا العالميات لوجود مثل هذه الممارسات في جميع الثقافات على الرغم من اختلافها في الشكل والممارسات، فالزواج مثلا من العناصر العمومية والعالمية، فهو ضمن العموميات إذا كان محتواه وشكله واحدا في أمة أو فئة معينة، ويقع ضمن العالميات إذا ما طبق في محتواه واختلفت أشكاله عند مختلف الأمم والشعوب.

2 -الخصوصيات أو التخصصات:(Specialities)

هي تلك العوامل الثقافية التي لا يشترك فيها جميع أفراد المجتمع، وإنما يشترك فيها جماعة معينة داخل ذلك المجتمع، ويتميزون بها عن غيرهم وذلك بحكم التخصص في مهنة معينة أو الانتماء إلى طبقة اجتماعية محددة.

مثال: الرجل العادي لا يعرف كيف يصنع سيارة أو راديو..ولكنه يعرف كيف يستعمل كل منها وتقسم الخصوصيات إلى الأقسام التالية:

أ- الخصوصيات المهنية: وهي العناصر الثقافية والسلوكية والممارسات الخاصة بأصحاب مهنة معينه دون غيرهم.

ب- الخصوصيات الطبقية: وهي السلوكيات الثقافية التي تسلكها فئة من المجتمع دون غيرها. مثال: طريقة المعاملات، اللباس، التصرفات حيال المشكلات.

ج- الخصوصيات العقائدية: أسلوب المعاملة، وطريقة العيش، والانتساب للجماعة، وتقديم الطقوس المختلفة، استنادا لعقيدة معينة.

د- الخصوصيات العنصرية: تظهر في ممارسة بعض الأقليات الموجودة في المجتمع.

3 -البدائل:(Alternatives)

وهي العناصر الثقافية الموجودة في الخصوصيات أو التخصصات، ولكن الاختلاف يتضح في الطرق المختلفة في تناول المواقف .

مثال: في المجتمعات البسيطة يمكن تبادل الثقافة من خلال الكلام المباشر، بينما في المجتمعات الأكثر تعقيدا يتم التبادل فيها بواسطة الأجهزة الحديثة، ولكن بشكل عام ينظر إلى البدائل على أنها دخيلة على ثقافة المجتمع وبالتالي يجب أن تمر بمرحلة تجريب واختبار حتى يتقبلها أفراد المجتمع، ومن أمثلة بدائل هذا القرن وسائل الاتصال المختلفة والتقنيات، بعض العلماء ذهب إلى تقسيم الثقافة إلى قسمين:

أ- اللب الثقافي والذي يشمل العموميات وبعض الخصوصيات.

ب- الإطار الثقافي الخارجي والذي يشتمل على البدائل.

خصائص الثقافة:

الثقافة هي غرس البيئة ونبتها وبالتالي فإنها تتلون ويختلف مذاقها في كل بيئة من البيئات، وفي حال أن تتخلى الثقافة عن بيئتها فإنها تفقد طعمها ورائحتها، فالثقافة كذلك هي كل ما صنعته يد الإنسان وعقله من أشياء ومظاهر وطقوس في البيئة الاجتماعية التي ينتمي إليها الإنسان ويعيش فيها. ويمكن إجمال خصائص الثقافة بما يلي:

1- الثقافة عملية إنسانية: فهي تخص الإنسان نفسه دون غيره، فقد طورها الإنسان عبر الأجيال المتلاحقة، ويعلمها للأجيال اللاحقة.

2- الثقافة عملية مكتسبة: أي أن الإنسان يكتسب الثقافة ممن حوله من الناس (الأبوين والمجتمع) وهي ليست موروثة ولا فطرية.

3- الثقافة تطورية- عملية متغيرة- قابلة للانتقال: ويعني ذلك أن الثقافة لا تبقى على حالها -جامدة- في الممارسات الحياتية، بل إنها تتطور إلى الأحسن والأفضل بواسطة الانتشار والاتصال والاحتكاك، وعملية التغير في الثقافة لا تتم بنفس الدرجة والحدة والأسلوب، بل تختلف من ثقافة إلى أخرى.

4- تكاملية -عملية- رضا نفسي: بمعنى أنها تشبع الحاجات الإنسانية، وتريح النفس البشرية لأنها تجمع بين العناصر المادية والمعنوية.

5- الثقافة عملية تحديد أسلوب الحياة: أي أنها ترسم خطة حياة الأفراد ليسيروا في مجتمعهم دونما خروج عن المألوف وبما تقبله الجماعة من أسلوب وطرق حياتية.

6- الثقافة استمرارية: بمعنى أنها لا تموت بموت الفرد، لأنها ملك جماعي وتراث يرثه جميع أفراد المجتمع الذي يتبعها.

7- الثقافة التنبئية: فإنه يمكن التنبؤ بما يمكن أن يتصرف به فرد معين

ينتمي إلى ثقافة معينة لأن ثقافته تحتم عليه أسلوبا معينا تجاه كل مشكلة من المشاكل التي تقابله في حياته اليومية.

السلوك الثقافي:

السلوك الثقافي في أي مجتمع هو عملية مرسومة، مخططة، وضعها الكبار للصغار أو القادة للرعية وعلى الجميع السير في ظلها وضمن إطارها، لأن الإطار الثقافي العام للمجتمع يبين مركز كل فرد فيه والوظيفة التي يجب عليه القيام بها عندما يمتهن تلك الوظيفة.

ويقع تعليم السلوك الثقافي على عاتق الأب والأم والأسرة بالدرجة الأولى ثم على عاتق المعلمين في المدرسة، وبعد المدرسة يأتي مكان العمل والمؤسسات التربوية الأخرى.

ومن كل ذلك يتضح أن عملية السلوك الثقافي عبارة عن تعليم أنماط معينة يرضى عنها المجتمع، ويرتضيها كصمام أمان لحياة الجماعة.

مراجع الفصل الثامن

-إبراهيم ناصر. (١٩٨٣). التربية وثقافة المجتمع. دار الفرقان، عمان.

-إبراهيم ناصر. (١٩٨٩). أسس التربية. دار عمار للنشر والتوزيع، عمان.

-سعيد أحمد حسن. (١٩٩٥). ثقافة الأطفال.. واقع وطموح. مؤسسة المعارف، بيروت.

-محمد عبد الهادي عفيفي. (١٩٧٥). التربية والتغير الثقافي. مكتبة الانجلو المصرية. القاهرة. ط٤.

-مفيد أبو مراد. (١٩٩٣). الريادية في الثقافة والتربية. دار الجيل. بيروت.

الفصل التاسع

التربية والتنمية

مقدمة:

التربية والتنمية متشابهان، من حيث أن كلا منهما فعل تحويل، فالتربية عملية تحويل عامة مقصودها الإنسان. والتنمية عملية تحويل أوسع وتشمل كل إنسان في المجتمع وتشمل بذلك التراث، والأنظمة، والأنشطة الإنسانية المتعددة.

وهناك عدة تعاريف للتنمية نذكر منها على سبيل المثال لا على سبيل الحصر ما يلي:

-التنمية عبارة عن تحقيق زيادة سريعة تراكمية ودائمة عبر فترة من الزمن.

-التنمية عملية تسعى لتحقيق التوافق الاجتماعي بين أفراد المجتمع وتشمل اشباع الحاجات العضوية والنفسية والاجتماعية.

-التنمية عملية تحقق حدا أدنى لمستوى المعيشة واستخدام الامكانات المتاحة بالجهود الذاتية.

-التنمية عملية تحويل واستثمار كل الطاقة الذاتية الكامنة الموجودة فعلا بصورة شاملة تحقق الاستقلال للمجتمع والدولة والتحرر للفرد.

-التنمية هي محصلة الجهود العلمية المستخدمة لتنظيم الأنشطة المشتركة، الحكومية والشعبية في مختلف المستويات لتعبئة الموارد الموجودة أو التي يمكن ايجادها لمواجهة الحاجات الضرورية وفقا لخطة مرسومة وفي ضوء السياسة العامة للمجتمع.

دور التربية في العملية التنموية:

التربية هي عملية تحويل مستمرة طوال الحياة، وهي عملية إنجاز وإعداد أفراد وكوادر بشرية منتجة كما وكيفا، الكم بمعنى التوسع الذي تواكبه طموحات المجتمع وينال تأييد الجماعة، أما من حيث الكيف، فيكون بالتوسع الرأسي في التربية، فالتربية والتعليم ثروة دائمة تقضي على التخلف وتدفع إلى التقدم والتطور والازدهار .

إن الدور الذي يمكن للتربية (بمفهومها المقصود والموجه) أن تقوم به لتحقيق التنمية يمكن تلخيصه في ثلاث نقاط:

1 -إيجاد قاعدة اجتماعية عريضة متعلمة، بضمان حد أدنى من التعلم لكل مواطن يمكنه من العيش في مجتمع يعتمد على القراءة والكتابة، وهنا تأتي أهمية إلزامية التعليم في المرحلة الأساسية على الأقل.

2-المساهمة في تعديل نظام القيم والاتجاهات، بما يتناسب والطموحات التنموية في المجتمع، ومن ذلك تعزيز قيمة العمل والإنتاج، ودعم الاستقلالية في التفكير والموضوعية في التصرف.

3 -تأهيل القوى البشرية وإعدادها للعمل في القطاعات المختلفة وعلى كل المستويات وذلك من خلال:

أ- التزويد بالمعارف والمهارات والقيم اللازمة للعمل المستهدف.

ب- التهيئة للتعايش مع العصر التقني، وتطوير وسائله وتمكين التعليم في إطار إنساني شمولي، يدرك قيمة العلوم والمعارف الأخرى.

ج- التوازن في تأهيل القوى العاملة حسب الاحتياجات المتغيرة، مع إعطاء الأولوية للأطر الفنية المتوسطة، التي تمثل نقصا خطيرا في معظم البلدان النامية.

إن التربية تخدم الخطة التنموية في كافة المجالات، وذلك لأنها تتم عبر مؤسسات رسمية وغير رسمية، تهدف إلى تحويل الأفراد إلى طاقات منتجة، وإكسابها خصائص مميزة تساعد على إدماجها في الحياة العامة.

ولا يعد التعليم ضروريا فقط من أجل إعداد العناصر البشرية المؤهلة، التي تحتاج التنمية إليها، ولكنه ضروري أيضا للقضاء على أغلب المعوقات الاجتماعية لتقدم التصنيع والنمو الاقتصادي.

دوافع الإنفاق على التربية:

إن الدوافع للإنفاق على التربية والتعليم بسخاء، هو الناتج الذي تعود به التربية ويعود به التعليم عامة، ومن أهم دوافع الإنفاق ما يلي:

1 -دافع اقتصادي: وتبرير ذلك أن التربية والتعليم تزود المجتمع بما يحتاج إليه من خبراء وفنيين، ومهندسين، ومحاسبين، وأطباء ومهنيين.

2 -دافع اجتماعي: أن التربية والتعليم تخلص البشر من آفات المجتمعات المنتشرة، كالأمراض الجسمية والنفسية، وتحفظهم من الوقوع في الممارسات الضارة والعادات السيئة.

3 -دافع ديني: إن الإنفاق على التربية هو استجابة لتعاليم دينية، كي يستطيع الناس النظر في شؤون حياتهم في الدنيا والآخرة، لقوله تعالى: {قل هل يستوي الذين يعلمون والذين لا يعلمون} (المزمل: ٩). ولقوله أيضا: {ويرفع الله الذين آمنوا والذين أوتوا العلم منكم درجات} (المجادلة: ١١) .

4 -دافع سياسي: إن التعليم له فائدة تعود على نظام المجتمع السياسي، وثقة الناس في معرفة الأهداف التي يعيشون من أجلها ولماذا يعيشون وكيف يجب أن يحكموا أنفسهم؟ أو لمن يحتكمون أو يحكمون؟ ولمن يدينون من الأحزاب أو المبادئ؟ وهكذا.

5 -دافع دولي: عالمي، إنساني، إن من لا يتعلم لن يتقدم ويتطور، والإنسان يجب أن يتعلم كي يتقدم ويلحق بالركب الحضاري ولا يكون التقدم والتطور إلا بالتعليم، لأن التعليم يهيئ الفرد لمهنة أو لوظيفة ويفتح أمامه الآفاق ويحثه على الإبداع والاختراع والابتكار.

متطلبات التنمية الاقتصادية:

يتطلب تحقيق التنمية الاقتصادية ما يلي:

1 -التعرف على مصادر وإمكانات الدول الاقتصادية، مما يعنى به التعليم ودراسة المناهج الدراسية المختلفة .

2 -إعمال الفكر للحصول على خير الطرق وأنجحها وأيسرها لاستكمال تلك الموارد، مما يدخل في إطار التربية ويعتبر من أهم سماتها.

3 -التدريب على مجالات العمل المراد تنفيذه، أو إقامته، والحث على إتقانه،

والتعرف على ما يجد في الميدان من آن لآخر لاكتساب المهارات والخبرات اللازمة لتنمية ذلك العمل.

إن الإنفاق على التعليم يعتبر ركنا أساسيا من رأس المال الثابت، إذ إن الموارد والمصروفات التي تنفق على عملية التعليم تعتبر إنفاقا استثماريا وليس إنفاقا استهلاكيا، لذا يعتبر التعليم نوعا من الاستثمار البشري في العملية الإنتاجية، كما يعتبر سلعة اقتصادية متصلة بحاجات المجتمع، والتعليم بالتالي يدفع إلى العمل والإنتاج، ويؤهل الكوادر لاستغلال قدراتها واستعداداتها، لخدمة المجتمع وتطوره وتقدمه، ويزيد من أوجه المعرفة والمهارات والإمكانات التي تؤدي بدورها إلى نمو رأس المال القومي.

التنمية الاجتماعية والاقتصادية:

لابد في البداية أن أضع تعريفا أو تصورا للدول المتقدمة والدول النامية حتى نفهم مضمون التنمية الاجتماعية والاقتصادية.

الدول المتقدمة: وهي الدول التي استطاعت استغلال مواردها وإمكاناتها وثرواتها الإنسانية والطبيعية، ومثال على ذلك دول المجموعة الصناعية السبع.

الدول النامية: وهي الدول التي تخلفت عن هذا الركب الحضاري نتيجة لعوامل مختلفة أهمها الاستعمار واستغلال دول أخرى لها مما ترتب عليه عدم استثمار مواردها، ومثال على ذلك دول العالم الثالث والتي تقع الدول العربية من بينها.

أهم مميزات الدول المتقدمة عن الدولة النامية:

1- المسافة الاجتماعية التي تفصل بين هذين النوعين سواء من الناحية التعليمية الفكرية أم من ناحية القوانين والنظم الطبقية.

2- المسافة الاقتصادية من حيث إنتاج واستغلال الموارد المتاحة لها استغلالا نافعا.

3- تطبيق مفاهيم الديمقراطية الحديثة واحترام حقوق الإنسان.

واعتمادا على ما سبق فإن مشكلة الجيل الجديد تكمن في القضاء على التخلف وتقليل المسافة الاجتماعية والاقتصادية إن لم يستطع محوها للتخلص من العادات القديمة والوصول إلى مرحلة الدول المتقدمة، إلا أنه في ذلك يواجه مشكلتين أساسيتين :

1- مشكلة هجوم القديم بتقاليده.

2- مشكلة مواجهة الجديد بما فيه من شجاعة ومخاطرة وبما فيه من نجاح وفشل.

التنمية الاجتماعية والاقتصادية ومقوماتها:

إن التنمية الاجتماعية والاقتصادية هي الطريق الذي تسلكه الدول النامية لتحقيق المستوى الإنساني اللائق من الناحية الاجتماعية والاقتصادية تحقيقا لمبادئ الفكر المعاصر وإمكانات تطبيقه.

مقومات عملية التنمية الاجتماعية:

1- تنمية المجتمع عملية متكاملة تدخل فيها جميع موارد المجتمع الواقعية والممكنة، كذلك تتضمن الخدمات الاجتماعية والاقتصادية معا، وعلى هذا الأساس يجب أن ترتبط الوسائل بالأهداف في عملية التنمية ارتباطا وثيقا.

2- ترمي تنمية المجتمع إلى رفع المستوى الاجتماعي والاقتصادي والثقافي لجميع أفراد المجتمع، مما يترتب عليه أن يشعر جميع هؤلاء الأفراد بانتمائهم لهذا المجتمع.

3- تقوم تنمية المجتمع على أساس الفلسفة التي تسود في المجتمع، وهذه الفلسفة تتضمن الأهداف والوسائل لتحقيقها وتتضمن كذلك المدى الذي يجب أن تصل إليه الخدمات في المجتمع.

4- تنمية المجتمع تتضمن رفع المستوى الاقتصادي والاجتماعي للفرد، ومعنى هذا أنها تتضمن تغيرا ثقافيا من نوع معين، وهذا التغير الثقافي يتوقف مداه وعمقه على مدى ارتباطه بالإنسان الذي يحدث له هذا التغير.

الحكومة وتنمية المجتمع :

تعتمد تنمية المجتمع بوجه عام على الفلسفة التي يعتنقها هذا المجتمع، فمن هذه الفلسفات:

1- حكومات تتدخل في حياة الأفراد وفي المؤسسات الاقتصادية والاجتماعية.

2- حكومات تترك الفرد يمارس حريته السياسية والاجتماعية والاقتصادية إلى أبعد حد بما في ذلك الوصول إلى مرحلة الاقتصاد الحر والذي يقوم بعيدا عن سيطرة الدولة.

3- فلسفة الدول النامية والتي تتخذ طريقا وسطا.

ولهذا نجد أن المسافة الاجتماعية والاقتصادية تتباين بين الدول بناء على نهج مكوناتها في تنمية مجتمعاتها من خلال السياسات التي تفرضها على حريات الأفراد السياسية والاجتماعية والاقتصادية، فكلما زاد إعطاء الحرية في هذه المجالات كلما أثر ذلك إيجابيا على حياة الأفراد ورفاههم.

الظروف التي تدفع الدول بشكل عام والنامية بشكل خاص إلى التدخل:

1- أدى قيام الصناعات في الدول الحديثة إلى تدخل الدول حتى توفر الحماية لهذه الصناعات من حيث التمويل والتسويق.

2- لقد واجهت حكومات الدول النامية ما خلفته لها الدول المستعمرة من ثروات ثقيلة بأن اعتنقت مبدأ التدخل حتى تستغل جميع موارد الدول الطبيعية.

3- تواجه الدول النامية مشكلة رأس المال، لهذا تتدخل الدولة لتوفير رأس المال من الداخل والخارج وذلك من خلال نشر الوعي الادخاري وتشجيع رأس المال الأجنبي، مثال: قانون تشجيع الاستثمار في الأردن وقوانين الخصخصة.

4- لقد عمل الاستعمار على تفكك المجتمع وتقسيمه، من هنا وجب على حكومات الدول النامية أن تعمل على إيجاد التماسك الاجتماعي والوحدة القومية بوسائل اجتماعية واقتصادية مختلفة.

5 -مرحلة الانتقال التي تمر بها المجتمعات النامية من حالات التخلف والاستعمار إلى الاستقلال والتقدم يؤدي إلى اهتزاز في القيم القديمة مما ينتج عنه حالة من الفوضى والانحلال، لهذا فإن على الدولة أن تنظم وتخطط وترسم للسياسة الجديدة وتنفذها مبقية على كل ما هو صالح في القديم.

هذه الأسباب طبعا لها نتيجة واحدة هي أن الدولة أصبح لها دورها الأساسي في خطة التنمية خاصة في الدول النامية، ولم تعد تترك هذه الخطة لجهود الأفراد وإنما لجهود الدولة التي بات لها مكان أساسي وضروري وهام.

وسائل التنمية:

أهم وسيلة من وسائل التنمية هي التخطيط الاقتصادي والاجتماعي.

-فالتخطيط هو الضمان لحسن استغلال الدولة للثروات الموجودة والكامنة والمحتملة مما يؤدي إلى الإنتاج الكفء الكبير.

-والتخطيط هو تقدير لاحتمالات المواقف من جميع نواحيها ويقوم على تحقيق الأهداف بأقل تكلفة وجهد وبأسرع وقت، (أكبر مردود وبأقل النفقات).

-والتخطيط يعتمد على شيء من الأمل وذلك من خلال دراسة الواقع والعمل على النظر إلى المستقبل.

-ومن قواعد التخطيط الهامة التكامل، فالتخطيط الاقتصادي يستلزم التخطيط الاجتماعي... والتخطيط في قطاع كالصحة أو الزراعة يستدعي تخطيطا في الصناعة وفي التعليم وهكذا...

-والتخطيط يعتمد أيضا على التوقيت وهو سمة أساسية من سماته.

والتخطيط بذلك يتضمن ما يأتي:

1 -تحديد الفلسفة الاجتماعية والاقتصادية التي اختارها المجتمع لنفسه والتي في إطارها يضع المخططات اللازمة لمقابلة المشكلات المختلفة.

2 -تحديد الهدف أو الأهداف التي ترمي إلى تحقيقها وبذلك نستطيع أن نعرف المسالك التي ستسير فيها المناشط المختلفة.

3-تقدير الواقع ليتسنى لنا معرفة مدى تحقيق الأهداف التي نصبو إلى تحقيقها، أي أن الواقع هو الميدان الذي نقوم فيه مدى تحقيق أهدافنا.

4 -تدبير الوسائل المختلفة اللازمة لتحقيق الأهداف مع تحديد الخطوات العلمية الواجب اتباعها لتحقيق الأهداف.

التربية والتنمية الاقتصادية والاجتماعية:

يعيش الإنسان عيشة جماعية، مع مجموعة من الجنس البشري، تربطه بهم عوامل متعددة من النسب والجوار، واتحاد الغايات والآمال والعواطف...إلى غير ذلك من الروابط الاجتماعية.

فالإنسان كائن اجتماعي بالضرورة، فهو لا يستطيع إنتاج جميع حاجاته الحياتية بنفسه، ولا يستطيع أن يمنع نفسه من الاستمتاع بكل ما أنتجه الآخرون من أعضاء مجتمعه، لذلك فإن أقصر طريق يحقق به الإنسان أهدافه هي أن يكون عضوا اجتماعيا، فهو من المجتمع وإليه، وهو يعمل لصالح نفسه ولصالح مجتمعه.

وإذا ما درسنا المجتمعات نلاحظ أن تربية أفرادها تخضع لأحوال المجتمع الذي يعيشون فيه، من حيث تقدم المجتمع ماديا أو تأخره ومن حيث نظم المجتمع وتقاليده، ومن حيث إشراف المجتمع على تربية أفراده.

ومن هنا نلاحظ أن جميع المجتمعات اتخذت من التربية الأداة الموجهة لتربية الأبناء منذ ولادتهم، سواء في داخل المدرسة أم في خارجها، بهدف بناء شخصية متكاملة ومتوازنة لمواطنيها، ولتوفير المناخ التربوي الدافئ الخصب الذي تنمو فيه روح الإبداع والابتكار لديهم.

ومع انتهاء الحرب العالمية الثانية ظهرت تقسيمات للمجتمعات منها تصنيف الدول إلى دول متقدمة ودول نامية، ولهذا ظهرت الحاجة الماسة إلى التنمية

الاقتصادية كعلاج لتخلف الدول النامية التي يعيش أفرادها في مستوى معيشي منخفض، والتنمية الاقتصادية هي إنتاج متوفر وتوزيع عادل واستهلاك سليم ثم ما ينتج عن هذا من مدخرات.

ومن المعروف أن العوامل الثقافية والاجتماعية تؤثر تأثيرا كبيرا في عملية التنمية، ومعنى هذا أن نجاح التنمية الاقتصادية يتوقف على العوامل الاجتماعية والثقافية التي تسود المجتمع.

فالمظاهر الاجتماعية والثقافية وكذلك الدينية يجب أن تتعاون جميعها حتى تستطيع أن تتداخل وأن تصبح كلا واحدا مع الغاية الاقتصادية والاجتماعية المستهدفة.

معنى التخلف وسماته وأسبابه:

ليس من السهل إيجاد تعريف عام للتخلف، غير أنه توجد بعض السمات الاجتماعية والاقتصادية التي تشكل دليلا على وجود مستوى معين منه وهي:

1 -انخفاض دخل الفرد عن المتوسط.

2 -تفشي ظاهرة البطالة المقنعة.

3 -انخفاض مستوى التعليم.

4 -انتشار الأمية بين الذكور والإناث على السواء.

5 -وجود مشكلة سكانية.

6 -انتشار ظاهرة تشغيل الأطفال.

7 -التخصص في إنتاج المواد الأولية، وتأخر أساليب الإنتاج.

8 -التبعية الاقتصادية للدول المتقدمة.

9 -عدم تكافؤ الفرص التعليمية والعملية والاعتماد على المحسوبية.

10 -عدم تطبيق مفهوم الديمقراطية الحديثة وعدم احترام حقوق الإنسان.

أسباب التخلف:

أسباب التخلف عديدة ومن أبرزها ما يلي:

1- التبعية السياسية للدول الأخرى، والحرمان من الاستقلال الحقيقي الذي يمنح المجتمع حرية إدارة وتنظيم حياته، فكثير من دول العالم الثالث ما تزال محرومة من هذا الاستقلال، رغم أنها منحت استقلالا سياسيا ظاهريا، مما جعلها متخلفة عن ركب التنمية والتطوير الاقتصادي والاجتماعي.

2- الأنماط الاجتماعية والثقافية والسياسية السائدة حيث إن هذه الأنماط قد أعاقت عمليات استغلال مصادر الثروة استغلالا مناسبا مما أدى إلى عدم تحقيق نمو اقتصادي مناسب، فبعض الشعوب على سبيل المثال تفضل الأعمال الكتابية على مزاولة الأعمال اليدوية أو الفنية في مشاريع التنمية الزراعية والصناعية.

3- عدم توفر رؤوس الأموال اللازمة لاستثمار الموارد الطبيعية وتشغيل المشروعات، وقد يكون السبب في نقص هذه الأموال اللازمة ظاهرة تحويل المال (شريان التنمية) إلى ذهب يكنز في البيوت أو يعلق كأداة على صدور النساء مفاخرة ومباهاة، وقد يؤدي نقص المال إلى الاقتراض من الدول الغنية بفائدة عالية قد تؤثر على الاستقلال السياسي لتلك البلدان.

4- عدم وجود مؤسسية في إدارة المؤسسات الرسمية والاعتماد بدلا منها على شخصنة الأمور والشللية السياسية.

التنمية والتخلف:

تحدثنا عن التخلف بمعناه الشامل لا المحدود الذي يقصره البعض على الجانب الاقتصادي فقط، ولذلك فإن حديثنا عن التنمية لا يتناول التنمية الاقتصادية التي تحدث في مجال محدد وإنما يتناول التنمية الشاملة التي تستهدف الإنسان ورفع مستوى حياته، فالإنسان هو نفسه الهدف من التنمية وهو أداة تنمية القوى البشرية المؤهلة والمدربة.

وقد أورد العلماء والباحثون عدة تعريفات للتنمية منها:

1- هي عملية تغيير اجتماعي واقتصادي وسياسي عميق، وأن هدفها الأكبر هو تحقيق تغير جذري وشامل في الحياة.

2- التنمية جهد منظم متكامل يهدف إلى تنمية موارد المجتمع اقتصاديا وسياسيا واجتماعيا وفكريا من أجل مواجهة التخلف أولا، ثم محاولة اللحاق بركب التقدم الحضاري لتوفير حياة كريمة ميسرة لكل فرد من أفراد المجتمع ثانيا.

ومن هذين التعريفين، نرى أن التنمية ذات مفهوم شامل، وأنه من الضروري النظر إلى أي نشاط تنموي في أي مجال من مجالات الحياة من خلال تأثيره وتأثره بالأنشطة الأخرى، وبخاصة النشاط التربوي.

فالتنمية التربوية: تهتم بانتقال أفراد المجتمع من أنماط السلوك السائد إلى أنماط سلوكية أخرى جديدة متحررة، تتلاءم مع أهداف المجتمع وفلسفته التي تتطلبها خطة التنمية الشاملة، كما تعمل التربية على إعداد القوى العاملة المدربة اللازمة لهذه الخطة من إداريين وفنيين ومخططين ومشرفين ومهرة.

كما تعمل التربية على زيادة قدرات الفرد على تفهم مشاكله ومشاكل مجتمعه على السواء، في حين تهتم التنمية الاجتماعية بتنمية العلاقات والروابط الاجتماعية والثقافية والصحية بين أبناء المجتمع، وتعمل على زيادة قدرات الأفراد على التعاون المثمر.

أما التنمية الاقتصادية: فتهتم بتغير عادات الاستهلاك لدى الأفراد، وتوزيع الإنتاج بشكل عادل، وإبراز أهمية الادخار في التنمية الاقتصادية، في حين أن التنمية السياسية تهتم بزيادة وعي الجماهير، والحفاظ على مكاسب التنمية العديدة من عبث الانتهازيين، كما تهتم التنمية السياسية بإبراز السلوك الديمقراطي وأهميته في إنجاح خطط التنمية.

إن المتتبع لخطط التنمية يجد أن التنمية الاقتصادية تحظى باهتمام أوسع

مما تحظى به التنمية الاجتماعية أو السياسية أو الثقافية، ولعل السبب في ذلك يعود إلى أن التنمية الاقتصادية تقوم على معايير مادية، وإن مردودها ملموس، بينما التنمية الاجتماعية والثقافية لا تقوم على معايير مادية -مثل المال والآلات- ومردودها ليس ملموسا بنفس درجة مردود التنمية الاقتصادية.

ومن سمات التنمية أنها مسألة نسبية ودائمة التغير، لذلك فإن أهدافها تتغير وفق حاجات المجتمع.

معوقات التنمية:

1 -النظام الاجتماعي السائد ومثال ذلك ولاء الفرد للأسرة (العائلة، العشيرة، القبيلة) والتعصب لها مما يؤدي إلى المحسوبية والمحاباة.

2 -البناء السياسي السائد ومثال ذلك الاعتماد على قيادات حزبية والتي يكون هدفها صالح الحزب وأفراده ولا تنظر إلى الصالح العام.

3 -أن لا ينظر إلى المشروعات والخطط على أنها متكاملة.

4 -نمط الاستهلاك الخاطئ.

5 -نقص في رأس المال.

وظائف التربية لإزالة مثل هذه المعوقات:

1 -غرس القيم الدينية في أذهان الناس، لأن الدين من الممكن أن يكون عاملا في غرس قيم وسلوك وعادات في المجتمع لها كبير الأثر في عملية التنمية مثال "لا فضل لعربي على أعجمي إلا بالتقوى."

2 -إعادة كسب ثقة المواطنين في ما تقدمه التنمية الاجتماعية من خدمات لهم.

3 -نشر الوعي الادخاري لدى المواطنين وترشيد الاستهلاك.

4 -المساهمة في القضاء على ثقافة العيب والتوجه إلى الأعمال اليدوية والمهنية المختلفة.

عملية النقل الحضاري:

تقوم التنمية الاقتصادية والاجتماعية على أساس نقل أنماط سلوكية

ومهارات فنية وميكانيكية إلى الحضارة النامية، وهذا النقل لعناصر من حضارة متقدمة إلى حضارة نامية يتطلب كثيرا من الحذر ويتطلب كذلك شروطا معينة منها:

1- إن التغير الثقافي في هذا العصر قد أصبح حقيقة واقعة، لذا لابد من التعايش معه واستغلاله أحسن استغلال.

2- إن النظم السياسية قد أخذت تتبلور جميعها في الوقت الحاضر في نظام سياسي يصلح ولا شك للدول النامية، ويقوم على أساس قاعدة شعبية وقيادة مخلصة مرنة متطورة.

3- المحافظة على القديم لا تعني أبدا محاربة الجديد، وإنما يجب أن تكون من خلال تطوير القديم ومحاولة إيجاد أسباب الانسجام والاتساق بينه وبين الجديد حتى تضمن له البقاء والاستمرار.

خصائص التنمية الشاملة:

تتميز التنمية الشاملة بالخصائص التالية:

1- الوفاء بالحاجات الأساسية لكل فئات المجتمع لتحسين نوعية حياتهم.

2- الاعتماد الجماعي على الذات لتكون التنمية مستقلة متحررة من التبعية.

3- مشاركة جميع المواطنين في أعبائهم بشكل فعال وديموقراطي.

4- حماية البيئة الطبيعية.

5- تعزيز الهوية الحضارية للمجتمع.

لذلك فإن من واجب المجتمع أن يوفر جميع الشروط الاجتماعية والتربوية والاقتصادية التي تهيئ فرصا تعليمية متكافئة لجميع المواطنين صغارا وكبارا، وفي جميع المناطق الجغرافية في المجتمع الواحد.

التربية والتنمية الاقتصادية:

منذ فترة طويلة نوه بعض الاقتصاديين بالعلاقة بين التربية والاقتصاد، فقد

تحدث (آدم سميث) عن أهمية التربية في كتابة "ثروة الأمم" واعتبر المهارات المكتسبة والمفيدة لأعضاء المجتمع من بين عناصر رأس المال الثابت، أما (ألفرد مارشال) فقد اعتبر التربية "استثمارا قوميا" واعتبر رأس المال البشري من بين أهم رؤوس الأموال عطاء ومردودا.

وتؤكد الدراسات الحديثة في هذا المجال أن للتربية بعدين هما:

أ- بعد استهلاكي: يتضمن تزويد الأفراد التي تمكنهم ظروفهم من تحقيق حياة أفضل، والاستمتاع بالتعليم كغاية في حد ذاتها.

ب- بعد استثماري: ويتضمن اعتبار التربية توظيفا مثمرا لرؤوس الأموال، ويعود بمردود يزيد كثيرا -متى أحسن استخدامه- عن مردود الأموال التي توظف في أي مشروع زراعي أو صناعي أو تجاري.

واعتبار التربية استثمارا ناتجا عن اعتبارات كثيرة قال بها الاقتصاديون ما يلي:

1- إن التربية تزيد من أرباح الأفراد وتيسر لهم وسائل كسب العيش، وإن ارتفاع مستوى تربية الفرد يرتبط مع ارتفاع مستوى دخله.

2- تسلح التربية الأفراد بالقدرة على التكيف مع ظروف العمل ومتطلباته.

3- تكشف التربية عن مواهب الأفراد وإمكاناتهم داخل المدرسة والجامعة، وتعمل على تنميتها وترقيتها، ولا يخفى ما لذلك من آثار إيجابية على المستويات الاقتصادية والاجتماعية.

4- تعد التربية القوى العاملة المؤهلة بالخبرة اللازمة لتسيير عجلة التقدم المطلوبة في المجال الاقتصادي والاجتماعي، كما تقوم بإعداد المعلمين اللازمين لتغطية الطلب الاجتماعي المتزايد على التعليم.

5- تساعد التربية على إعادة تشكيل القيم وعادات الاستهلاك.

6- تمثل التربية عاملا أساسيا من عوامل النمو الاقتصادي، نظرا لأن تنميتها لقدرات الأفراد ومهاراتهم الأدائية والفكرية تؤدي إلى زيادة النمو الاقتصادي.

العلاقة بين التربية والاقتصاد:

لوحظ أن هناك أثرا متبادلا بين التعليم والاقتصاد، مما دفع بعض المفكرين إلى القول بأن أساس التقدم في المجتمعات المعاصرة هو الاقتصاد والتربية، فالفرد الذي يتلقى تدريبا عمليا في مجالات التنمية والعمل الملائم وميوله ينتج أكثر من الفرد الذي لم يتدرب.

ويمكن تلخيص هذه العلاقة بما يلي:

1- النظام الاقتصادي في أي مجتمع هو الذي يشكل الدعامة الرئيسية التي يستند عليه التوسع في التعليم.

2- كلما زاد معدل التنمية الاقتصادية كلما ارتفع مقدار المال المخصص للانفاق على التوسع في التعليم ورفع مستواه.

3- المجال الاقتصادي هو المجال الذي يفتح أبوابه لعمل الأيدي المتعلمة فيه، وهو بذلك يوفر مصدرا رئيسيا لدخول الأفراد في المجتمع.

4- كلما أحرزت الدولة مزيدا من التقدم الاقتصادي كلما ازدادت فرص العمل وتحسنت معدلات الأجور، التي تؤثر بدورها على مستوى رفاهية أفراد المجتمع.

5- كلما تقدم مستوى التكنولوجيا في حقول الإنتاج في المجتمع كلما زادت حاجة الأفراد إلى مزيد من التعليم الذي يحققون به مستوى أعلى من المهارات الفنية والمهنية عن طريق استيعاب التكنولوجيا، وهذا ما حدا بالعلماء إلى الحديث عن المردود التربوي في تنمية وتطوير المجتمع.

"فالمردود" يعني الحصول على أحسن النتائج الممكنة بأقل النفقات الممكنة.

ويتوقف المردود التربوي على تخفيض نفقات التربية عن طريق تحسين مناهج التربية وبرامج الدراسة، والتدريب، والإدارة وأساليب الإشراف، وطرق التدريس، وتوفير مواد التعليم، والآلات الضرورية اللازمة الأخرى.

وأخيرا نجد من المفيد أن ننهي هذه العلاقة بقول (ألفرد مارشال) في كتابه "أصول الاقتصاد" الذي أبرز فيه قيمة العنصر البشري في التنمية الاقتصادية: "إن فئة متعملة من الناس لا يمكن أن تعيش فقيرة، ذلك لأن الإنسان بالعلم والمعرفة والوعي والطموح والقدرة على العمل والإنتاج، والقدرة على الخلق والإبداع، يستطيع أن يسخر كل قوى الطبيعة ومصادرها، وكل ما في باطن الأرض، وما فوقها لصالحه، والارتفاع بمستوى معيشته وتوفير الحياة الكريمة له.

طرق التربية في تحقيق التنمية الاجتماعية والاقتصادية:

تستطيع التربية تنمية الموارد البشرية في المجال الاجتماعي والاقتصادي وغيرهما بطرق عدة منها:

1 -التربية النظامية: وتتضمن التربية النظامية المقصودة مراحل التعليم المختلفة من ابتدائي (أساسي) وثانوي وكليات المجتمع وجامعات، ويعتبر هذا النوع من التربية مقصودا وهادفا ومنظما ومخططا له.

2 -التدريب أثناء الخدمة: ويتحقق ذلك من خلال برامج التدريب وتعليم الكبار وجهود الهيئات المختلفة من سياسية واجتماعية وثقافية ودينية.

3 -التطور الذاتي: ويتحقق بسعي الأفراد إلى زيادة مهاراتهم ومعارفهم بجهودهم الذاتية، من خلال حضور محاضرات وندوات ومؤتمرات، أو من خلال استخدام وسائل التثقيف الذاتي المتمثلة في القراءة والاستماع إلى الإذاعة أو التلفاز وفي المراسلة أو من خلال شبكات الإنترنت.

4 -توفير المناخ الثقافي الملائم: ويتحقق ذلك من خلال تقديم خدمات مكملة للتعليم النظامي مثل العناية بالصحة وتحسين التغذية وغيرها.

التخطيط وتحقيق التنمية الشاملة:

تعتبر التنمية الاجتماعية والاقتصادية ضرورة من ضروريات العصر الذي نعيشه، فالبلدان المتخلفة والمتقدمة على السواء قد اتخذت من التخطيط أسلوبا لتحقيق التنمية، وقامت بوضع خطط تنموية ثلاثية أو خمسية أو عشرية.

ويمكن تعريف التخطيط الشامل أو القومي بأنه "شكل من أشكال التنظيم الاجتماعي للنشاط الاقتصادي في المجتمع، أو هو شكل من أشكال تنظيم عمليات الإنتاج والتوزيع"، ويقصد بالتخطيط أيضا "تصميم وتنظيم جميع الجهود وأوجه النشاط الاقتصادي، من خلال تعبئة الموارد المالية والطبيعية والبشرية، في إطار متناسق متكامل لتكون بنيانا متحدا يحقق أهدافا عليا: اجتماعية واقتصادية محددة واضحة يجمع عليها أفراد الشعب."

ويتفق الباحثون على أن التخطيط عبارة عن أسلوب علمي يرمي إلى الارتقاء بالواقع الذي يعيشه المجتمع من خلال تحقيق أهداف معينة في فترة زمنية محددة.

متطلبات نجاح الخطة التنموية:

يتوقف نجاح الخطة التنموية على توفير جملة من المتطلبات من أبرزها:

1- تحديد الأهداف العامة التي يسعى المجتمع إلى تحقيقها، مستخدما في ذلك موارده المختلفة في فترة قصيرة، وبأقل درجة من الضياع والإسراف.

2- تحديد أهداف تفصيلية في نطاق الأهداف العامة، تلتزم بها القطاعات المختلفة في مزاولة النشاط الاجتماعي والاقتصادي، مع ضمان التناسق والتوازن بين هذه الأهداف التفصيلية.

3- تحديد المصادر الطبيعية والإمكانات البشرية المدربة والمؤهلة لتنفيذ خطة التنمية.

4- تدريب القوى البشرية على إتقان مهارات العمل الذي سيزاولونه بكفاءة وإنتاجية كبيرة.

5 -اتخاذ كافة الترتيبات التي تضمن تنفيذ هذه الخطط في الوقت المحدد لها لتمويل المعدات اللازمة وتحديد الواجبات والمسؤوليات.

6 -مراعاة الموضوعية والمرونة في التخطيط بشكل يسمح بالمراجعة المستمرة على ضوء احتمالات التغير.

مراجع الفصل التاسع

-إبراهيم ناصر. (١٩٩٠). مقدمة في التربية. دار عمار للنشر والتوزيع، عمان.

-اخليف الطراونة. (٢٠٠٢). محاضرات عن التخطيط والإدارة والتربية. ندوة كبار مخططي التربية في الوطن العربي، عمان.

-سعد خليل إسماعيل. (١٩٨٩). سياسات التعليم في المشرق العربي، منتدى الفكر العربي، عمان.

-لطفي بركات أحمد. (١٩٨١). دراسات في تطوير التعليم في الوطن العربي، دار المريخ، الرياض.

-لطفي بركات أحمد. (١٩٨٩). التربية والتنمية، مكتبة النهضة المصرية، القاهرة.

-محمد لبيب النحيحي، (١٩٧٦). الأسس الاجتماعية للتربية، مكتبة الأنجلو المصرية، القاهرة، ط٦.

الفصل العاشر

التربية والتغيير

مقدمة:

التغيير هو التحول من حالة إلى حالة، وتعتبر خاصة من خصائص الوجود التي تمس التربية من بدايتها إلى نهايتها، وهذه العملية تهم التربية في الوقت الحاضر أكثر من أي وقت مضى خصوصا وأن التغيرات في هذا العصر سريعة وشاملة. فإن حدث تغير في شأن من شؤون الحياة فإن ذلك يشمل الشؤون الأخرى. لهذا فإن درجة تقبل التغير تختلف من فئة إلى أخرى ومن مجتمع إلى آخر وفي الغالب ينتج عن التغير صراع بين الفئة المحافظة التي تريد إبقاء الحال على ما هو عليه والفئة المجددة إلى أن تستقر الحالة الجديدة.

أنواع التغير:

1 -التغير المفاجئ (الثورة أو الطفرة):

يحدث هذا النوع من التغير دونما سابق إنذار أو مقدمات بل يكون مفاجئا، وقد يكون هذا التغير اجتماعيا أو سياسيا وقد تكون له نتائج إيجابية أو سلبية، ولكن بغض النظر عن النتائج فإن عملية التغير تؤثر على المناهج التربوية والمصطلحات التربوية والمفاهيم والقواعد التي تؤثر في حياة النشء وتكوينه.

يعتبر هذا النوع من التغير صفة من صفات المجتمعات الصناعية المتقدمة وذلك لأن الأفكار الجديدة تنتشر بسرعة مذهلة وتلقى القبول أو الرفض بنفس السرعة.

2 -التغير التدريجي (التطور):

وهذه هي طريقة النمو التدريجي المستمر، مثال على ذلك: النبات أو الحيوان بالإضافة إلى التغيرات في المظاهر الاجتماعية والإنسانية، وعملية التغير التدريجي تكون في الغالب تغيرا نحو الأفضل والأحسن والأكبر والأنضج، وتكون كذلك تطورية سواء كانت فطرية أو مكتسبة، كما تكون مدروسة ومخططا لها، وتعتمد على مقدمات منظمة ويكون الصراع والمعارضة فيها قليلة، والتغير الاجتماعي هو من أكثر أنواع التغير الذي يؤثر في التربية.

ويقسم هذا النوع من التغير إلى قسمين:

أ- التغير البطيء: وهذا النوع من التغير الذي يتم ببطء شديد جدا لدرجة أنه يصعب إدراكه أو ملاحظته من قبل الإنسان العادي، ونتائجه تحتاج إلى وقت طويل.

ب- التغير المرحلي: وهذا النوع من التغير يأخذ الطابع التدريجي أو المتدرج أو التطوري ويكون غالبا مرحليا، وفي كثير من الأحيان يأخذ التغير الطابع التصحيحي أو التوضيحي أو يكون على شكل عملية حذف أو إضافة لظاهرة أو مخترع، وغالبا ما يكون هذا التغير كميا ولا يؤثر في كيفية الظاهرة.

مثال على ذلك: الخطط الثلاثية والخمسية والعشرية التي تسير عليها كثير من بلدان العالم النامي.

مراحل التغير:

1- مرحلة التحدي (مرحلة التشويش):

وهي عملية نظرة المجتمع لأي عملية تعتبر بأنها عملية تحدي للقيم والعرف والعادات المتبعة في ذلك المجتمع.

2- مرحلة الانتقال (مرحلة التجديد):

وهذه أخطر المراحل لأنها قد تؤدي إلى الانحراف أو التحول من الأهداف التي أوجدت من أجلها وذلك لأنها مرحلة جدل ونقاش بين الفئة التي قبلت التغير وتبنت أفكاره وبين الفئة الأخرى المعارضة.

3- مرحلة التحويل (مرحلة الدفاع):

وهذه مرحلة إعادة التنظيم للظاهرة المتغيرة إذ تقل فئة المعارضة ويتبنى كثير من أفراد المجتمع الأفكار والمخترعات الجديدة، وسميت هذه المرحلة بالتحويل لأن كفة التغير رجحت على كفة المعارضة وتحول الناس من ضد إلى مع الفكرة.

4 -مرحلة التطبيق (مرحلة الاستقرار أو التبني:)

هذه مرحلة التطبيق الفعلي أو العملي للأفكار وفيها تدخل هذه الأفكار نطاق الثقافة.

نظريات التغير:

سأتناول هنا أهم ثلاث نظريات وهي:

1 -نظرية العبقرية:

وتقوم على أساس أن التغير ما هو إلا نتيجة لظهور عباقرة أفذاذ في المجتمع كالمصلحين والقادة العسكريين أو السياسيين أو الرجالات الوطنيين، مثال: صلاح الدين، نابليون... أو وصول قائد جديد إلى السلطة ويكون عبقريا ومتحمسا للتجديد، مثال: جلالة الملك عبد الله الثاني بن الحسين.

2 -النظرية الحتمية:

يرى أصحاب هذه النظرية بأن عملية التغير تتم بصورة مقررة وموضوعة وجبرية نتيجة عوامل معينة مثل التحالفات الدولية وتحرير التجارة الدولية وغيرها. ومن أنواع هذه النظرية:

أ- النظرية الحتمية التطورية: وهذه النظرية تقول بأن كل شيء لابد وأن يتغير ويتطور وغالبا إلى الأحسن أو الأفضل.

ب- النظرية الحتمية الاقتصادية: تؤمن هذه النظرية بأن حتمية التغير في النظام الاقتصادي هي التي تؤثر في التغير في المجتمع ككل.

3 -نظرية الانتخاب الطبيعي:

ويرى أنصار هذه النظرية أن عملية التغير والتطور تتم بناء على عملية الاختيار والبقاء للأفضل والأقوى في كل الأمور الاجتماعية والبيولوجية والسلوكية.

4 -نظرية التغير الدائري :

يقول أصحاب هذه النظرية أن عملية التغير تسير على سنن ثابتة إذ تتطور المجتمعات وتزدهر ثم تعود لتختفي وتندثر وذلك حسب قانون الأطوار الثلاثة للمجتمعات: (طور الإنشاء والتكوين، طور النضج والاكتمال وطور الهرم والشيخوخة).

5 -نظرية التخلف الاقتصادي والاجتماعي:

أنصار هذه النظرية يقولون بأن عملية التغير تتم كرد فعل معاكس للتخلف في الحياة الاجتماعية والثقافية وإلى التخلف في إنتاج واستهلاك السلع مما يؤدي بالتالي إلى تغير في النظم والقيم والأنماط السلوكية في المجتمع وبهذا يتغير المجتمع.

العوامل التي تؤدي إلى التغير:

1 -التقدم العلمي والتقني والنمو الفكري، مثال: ظهور مخترع جديد نتيجة للنمو الفكري والتقدم العلمي.

2 -تغير في أسلوب الإنتاج، وتنويع أساليب الإنتاج والآلات المستعملة في ذلك.

3 -تقدم وسائل الاتصال والانتقال.

4 -استغلال الثروات الطبيعية.

5 -ظهور القادة والمفكرين والمصلحين.

6 -الثورات، مثال: الثورة الفرنسية والمصرية والثورة البلشفية.

7 -الحروب والفتوحات.

العوامل التي تؤثر في عملية التغير:

1 -العوامل النفسية أو العوامل الشخصية الذاتية.

2 -عوامل بيئية طبيعية مادية.

3 - عوامل نتيجة لمؤثرات خارجية.

4 - عوامل نتيجة لمؤثرات داخلية.

مظاهر التغير:

كنتيجة لعملية التغير فإن هناك مظاهر لعملية التغير فإن هناك مظاهر واضحة يراها المجتمع والتي يمكن بواسطتها الحكم على أن المجتمع يتغير ويتطور، ومن هذه المظاهر:

1 - التقدم العلمي وتطبيقات الأبحاث والدراسات.

2 - التغير في نظام الأسرة، الأسرة الممتدة والأحادية ودور المرأة.

3 - الهجرة من الريف إلى المدينة.

4 - ظهور مفاهيم جديدة مثال: الحرب الباردة والحرب النفسية والخصخصة، وتطبيق هذه المفاهيم في الممارسات الحياتية.

5 - ازدياد في حركة المواصلات وتحسين نوعيتها.

6 - التطور في استخدام الحرية وممارسة الحقوق الإنسانية مثال: نقابات العمال والنقابات المختلفة.

7 - استخدام منتجات التغيير التقنية (كمبيوتر، انترنت، ستالايت، إلخ) والمنتجات الاستهلاكية الأخرى.

سلبيات التغير:

1 - الانجراف في الأمور المادية.

2 - إهمال النواحي الروحية والعقائدية.

3 - انتشار اللامبالاة والعبث والتمرد اللاواعي.

4 - الميل إلى الأنانية والفردية.

5 - الابتعاد عن الحياة العامة وخدمة الجماعة والمجتمع.

إدارة التغير:

إن السمة الأساسية للعصر الذي نعيشه اليوم هي التغير المستمر، والتطور المتنامي في المناحي الحياتية المختلفة، وإن الإدارة المعاصرة لا تستطيع الركون إلى أساليب جامدة، وسياسات ثابتة، ونظم عمل نمطية، وإنما عليها أن تنتقل من المفاهيم البيروقراطية التقليدية إلى الأنماط التنظيمية المرنة والمتطورة والمتفاعلة، وهذه الطبيعة الجديدة للإدارة المعاصرة تؤكد حقيقة واضحة وهي أن إدارة اليوم أصبحت في المقام الأول أداة لإحداث التغيير وإدارته.

لقد كان التغيير دوما جزءا من بيئة الإنسان، فهو حقيقة ثابتة، وهو من طبيعة الأشياء والنظم النامية التي تحرص على تجديد شبابها وتحسين نوعية إنتاجها، وما يشهده عالمنا المعاصر هو التغيير المذهل في معدل التغيير نفسه، ومستقبلا يتوقع أن يكون هذا التغيير أكبر وأسرع، وأكثر تأثيرا في كل منحى من مناحي الحياة بما في ذلك القيم الشخصية والمستوى الخلقي والمعتقدات...إلخ، وسيكون هذا التغيير متسارعا بشكل يجعل محاولة فهمه وإدارته العمل الأساسي للمجتمع الذي يشهده، آخذين بعين الاعتبار أن معدل سرعة التغيير ومداه يعودان بالدرجة الأولى للتغييرات العلمية والتكنولوجية التي تحدث في العالم، وهذا كله يلزم الإنسان على التكيف وبسرعة وإيجابية مع سلسلة غير منتهية من التغيرات في شتى المجالات.

وليس بالضرورة أن يكون التغيير إيجابيا فحسب، أو سلبيا فحسب، فقد يضم التغيير أفكارا إيجابية مثل التجديدات (Innovations)، والتحسينات(Development) ، والتقدم(Progress) ، والتجديد(Renewal) ، والتطوير ...(Reform) وهكذا، وقد يضم أفكارا سلبية تجلب المصائب والمآسي، ويمكن أن يكون التغيير تطوعيا(Voluntary) ، أو مفروضا (Imposed)مخيفا أو غير مخيف. وقد يكون مخططا له أو مقصودا أو غير مقصود.

وكيفما أتى التغيير، فإن على قادة التغيير أن يساعدوا الناس على تبني التغيير والتفاعل الإيجابي معه.

إن توافر القدرة على إدارة التغيير لدى المديرين هو جوهر التنمية الإدارية بأبعادها المختلفة، وإدارة التغيير تعني: العمل ضمن خطة عملية محددة لتحسين الأداء في المؤسسة بما يتلاءم وتحقيق أهداف هذه المؤسسة في ضوء المستجدات التربوية بما ينسجم مع المعطيات الاجتماعية التي تستجيب للأصالة والمعاصرة، فهي الجهد المخطط والمنظم للوصول إلى تحقيق الأهداف المنشودة للتغيير من خلال التوظيف العلمي للموارد والإمكانات المتاحة للمنظمة.

وهناك بعض الخصائص التي تتطلبها القدرة على إدارة التغيير ومن أهمها ما يلي:

1- إرادة جادة قادرة على التحول إلى إدارة جادة تسعى لأحداث التغيير من منطلق استيعابها الواعي واقتناعها بضرورة التغيير.

2- امتلاك القدرة على المبادأة والابتكار والإبداع لإحداث التغيير والتطوير في كافة عناصر المنظمة (هيكلها، أنماط إدارتها، طرائق عملها وأنماط السلوك الإداري السائد فيها.)

3- القدرة على توفير المناخ الملائم للتغيير، ووضع استراتيجيات فاعلة للتغيير، وتطبيقها ومتابعة تنفيذها من خلال الاستفادة المثلى من المواد البشرية والمادية والتقنية، بهدف الارتقاء بالأداء وصولا لتحقيق الأهداف المرجوة من التغيير .

4- الارتقاء بقدرات المنظمة وأدائها، لتكون قادرة على مواجهة المستجدات المتلاحقة والتعامل معها بإيجابية.

استراتيجيات إدخال التغيير:

إن عملية إدخال التغيير أساسية ومهمة في التغيير نفسه، وكلما كانت هذه العملية مدروسة ومناسبة لميول الأفراد وحاجاتهم وعاداتهم، كان بمقدور الأفراد أن يتبنوا التغيير ويدعموه، وهناك عدد من الاستراتيجيات لإدخال التغيير ومنها ما يلي:

المنحنى	الفرضيات	الأساليب	المساوئ
- القوة القهرية	يتغير الأفراد من خلال فرض السلطة والقوة الرسمية.	- تغييرات في القوانين والأنظمة. - عقوبات لغير المتمثلين للأنظمة والقوانين. - مكافآت للمتبنين للأنظمة والقوانين الجديدة.	استخدام القوة والسلطة يؤدي إلى تكتيكات تجريبية أو إلى استخدام القوة المضادة (عمل نقابي) يسفر عن صراع وعداء إلى التجديد (يزول التغيّر بزوال القوة).
- العقلاني/ التجريبي	إن الأفراد عقلانيون وهم يتغيرون استجابة لمعلومات موثوقة تخص مصلحتهم الشخصية.	اتصال فعال حول التجديد وفوائده مقروناً بعروض تطبيقية للأساليب الجديدة وتوفير الموارد الضرورية.	إن العالم والناس الحقيقيين ليسوا بعقلانيين مئة بالمئة فهنالك قيم وعقلانيات متنافسة وهي تؤدي إلى صراعات في المصالح، لن يستطيع مخططو التجديد التنبؤ بجميع ردود الفعل المتنافسة هذه. كما أنه لا يمكن أبداً حساب تكاليف وفوائد التجديد بصورة موضوعية.
- إعادة التربية المعيارية أو إعادة التأهل والمعيارية	يتغير الأفراد عندما تعتمد جماعات الضغط الاجتماعية تنظيم قيمهم ومعتقداتهم وسلوكهم لتتجه نحو دعم التجديد وهنا يبرز دور التدريب.	يتم تحديد مجموعات رسمية ولا رسمية بارزة. ومساعدتها على استكشاف مضامين التجديد بالنسبة لهم بأن يتفحصوا اتجاهات المعادلة ويغيروها من خلال النقاش والتدريب الجماعيين وبأن يكوّنوا جمهور الدعم الحرج للتغيير.	ليس من السهل التأثير على معايير الجماعة ويصعب غالباً على المجموعات الصغيرة ضمن مؤسسة ما أن تقوم بالمهمة لوحدها حتى المجموعة الملتزمة لا يمكنها التغلب على النقص في المكافآت أو النقص في الموارد.

لماذا يقاوم الناس التغيير؟

يمكن أن يقاوم الناس التغير بشكل إيجابي نشط أو بشكل سلبي، فكثير من التغييرات المفيدة دمرت بسبب مقاومة الناس لها، لأنهم في قرارة أنفسهم لا يريدون للتغيير أن يحدث، ومن أسباب مقاومة الناس للتغيير ما يلي:

1 -يشعر الناس أنهم لا يستطيعون ضبط التغيير، ويأتي هذا الشعور نتيجة إحساس الناس أن التغيير قد أسقط عليهم ولم يكن نابعا منهم.

2 -يشعر الناس أن المستقبل غير مأمون وغير أكيد وغالبا ما يسأل الناس: ماذا يعني هذا التغيير الوظيفي؟

3 -يقاوم الناس المفاجآت حتى ولو كان التغيير مفيدا جدا، لأنهم لم يستشاروا في ذلك.

4 -يقاوم الناس تغيير ما هو مألوف لديهم، (يخافون من المجهول.(

5 -يشعر الناس أنهم سيفقدون مكانتهم نتيجة التغيير.

6 -يشعر الناس بالقلق على مصير مهاراتهم وكفاياتهم في ظل التغييرات الجديدة.

7 -يشعر الناس أن التغيير في حالة معينة سيؤثر في حالات أخرى، وأن الأعمال التي تتم بواسطة التغيير قد تأتي كذلك بتأثيرات ونتائج غير متوقعة.

8 -يشعر الناس أن التغيير قد يزيد من أعبائهم في العمل.

9 -يقاوم الناس التغيير إذا أحبطهم، وبخاصة إذا قاده أحد يعاملهم بعدم الاحترام.

10 -يشعر الناس أن هناك مخاطر قد يحملها التغيير.

كيف تساعد الناس على تقبل التغيير؟

هناك متغيرات لا حصر لها تؤثر على برامج التغيير، وعلى اتجاهات الناس وقناعاتهم ولكي يضمن قائد التغيير النجاح لبرامج التغيير التي يطرحها، فإن عليه أخذ الإجراءات التالية بعين الاعتبار:

1 -تحديد الأهداف وإطلاع المستهدفين عليها، ليتمكنوا من استشراف الفوائد المرجوة منها، ويفهموا لماذا هم في حاجة إلى التغيير، وبهذا تكسب تأييدهم.

2 -حدد الملامح الرئيسية والصورة العامة للنتائج المتوقعة، وبين ما سيترتب على هذه النتائج من تأثيرات إيجابية في صالح المؤسسة وأفرادها.

3 -ارسم الخطة العامة وناقشها مع الأفراد المعنيين، واترك فيها مجالا يمكن للمشاركين الإسهام من خلاله، فإن هذا يشعرهم بالانتماء لهذه الخطة طالما أن لهم اسهاما فيها.

4 -كن مستعدا لتقبل التغييرات التي يقترحها المنفذون للخطة في أثناء التطبيق.

5 -وزع الأدوار على الأفراد حسب رغباتهم وقدراتهم واستعداداتهم وميولهم، واجعل لكل فرد منهم دورا يؤديه ويشعر بالاعتزاز به، واسمح له بأن يرسم معك الملامح النهائية للنتائج المتوقعة.

6 -درب الناس لرفع كفاياتهم ومهاراتهم لكي لا يخافوا من التغيير، فلدى الأفراد دائما الرغبة في أن يتقنوا أعمالهم ويعرفوا كيف سيساهمون وكيف سيشاركون.

مقترحات عامة لضمان نجاح التغيير وقبول العاملين له:

1 -الحصول على دعم وتأييد الإدارة العليا وصانعي القرار لعملية التغيير في المنظمة، حيث إن دعمهم لجهود التغيير وتعزيزهم لإدارتها يضمن للتغيير الاستمرارية وتحقيق نتائج أكثر فاعلية.

2 -تعزيز نظام مشاركة العاملين في الإدارة وذلك من خلال إشراك الأفراد الذي سيتأثرون بالتغيير في تشخيص مشكلات المنظمة، ورسم أهداف التغيير والتخطيط له، ومناقشتهم في كيفية تنفيذ التغيير ومراحله مما يدفعهم للتحمس له والالتزام بتنفيذه.

3- التركيز على الجماعات داخل المنظمة، فإذا كان قرار التغيير نابعا من المجموعة، فإن مقاومة التغيير ستقل درجتها، كما أن ذلك يضمن للتغيير درجة أعلى من الديمومة والاستمرارية.

4- السعي لخلق المناخ العام الإيجابي الذي يتقبل التغيير ويدعمه، ولا يقيده أو يعارضه.

5- توفير الحد الأقصى من البيانات والمعلومات الكمية والنوعية للعاملين، وذلك فيما يتعلق بماهية التغيير ومحتواه، والأساليب التي دعت إليه، وتوضيح كيفية تنفيذ التغيير ومراحل انجازه بما لا يترك مجالا للشائعات أو الغموض.

6- التركيز على تنمية قادة للتغيير في المنظمات يتميزون بمهارات عقلية وإنسانية وفنية ترتبط بعملية التغيير، مما يساعدهم في تكوين إطار فكري واضح عن دوافع التغيير وعملياته ونتائجه.

7- التعرف على مصادر ودرجة عدم الرضا السائد لدى الموظفين في المنظمة، وتحليل العوامل المقاومة للتغيير بالتعاون مع العاملين، لأن إدراك الناس لأسباب معارضتهم يخفف من حدتها ويجعل العملية تبدو أكثر رشدا وعقلانية بعد أن كانت مجرد ردود انفعالية .

8- السعي لتوفير التسهيلات المكانية والمادية والفنية المساعدة في التهيئة لعملية التغيير وتنفيذها واستغلال الظروف والمواقف المناسبة لإدخال التغيير في المنظمة.

9- تنمية الأنماط القيادية والإدارية الفاعلة التي تتميز بالقدرة على الإبداع والابتكار وتنمية طاقات الأفراد، والاستثمار الأمثل لها، وخلق جماعات عمل تسودها روح الفريق التعاوني.

10- إيجاد نظم تواصل فاعلة توفر الترابط والتنسيق المتكامل بين أجزاء المنظمة وتخلق وحدة في الفكر والهدف بين القادة والمرؤوسين وبين المرؤوسين أنفسهم.

11 -إيجاد نظام حوافز جماعي عادل بشقيه المادي والمعنوي.

وكخلاصة أقول: إن إدارة التغيير ليست عملية سهلة أو بسيطة، وإنما هي عملية متشابكة ومعقدة في عناصرها ومكوناتها، ونجاحها يعتمد بالدرجة الأولى على العنصر البشري، الذي يتمثل في جانبين رئيسين هما:

حماس قادة التغيير من جهة، والتزام المتأثرين بالتغيير بتنفيذه من جهة أخرى.

مراجع الفصل العاشر

إبراهيم ناصر. (١٩٩٠). مقدمة في التربية. دار عمار للنشر والتوزيع، عمان.

-سيد إبراهيم الجبار. (١٩٧٨). دراسات في التجديد التربوي. مكتبة غريب، القاهرة.

-محمد قاسم القريوتي. (١٩٩٣). السلوك التنظيمي.. دراسة السلوك الإنساني الفردي والجماعي في المنظمات الإدارية. عمان، ط٢.

-منى مؤتمن عماد الدين .(1993) .إدارة التغيير.. برنامج تدريب مديري المدارس. عمان، وزارة التربية والتعليم، مركز التدريب التربوي.

-وجيه القاسم، مصطفى أبو الشيخ. (١٩٩٣). إدارة التغيير.. برنامج تنمية القيادات التربوية، عمان، وزارة التربية والتعليم - مركز التدريب التربوي.

الفصل
الحادي عشر

الإدارة الصفية الفعالة

مقدمة:

الإدارة بشكل عام هي مجموعة عمليات متداخلة مع بعضها البعض ويقوم بها شخص معين، أو أشخاص من أجل بلوغ الأهداف المخطط لها مسبقا. أما بالنسبة للإدارة الصفية فهي ما يقوم به المعلم داخل غرفة الصف من سلوكيات سواء كانت لفظية أو عملية مباشرة أو غير مباشرة، بحيث تحقق بلوغ الأهداف التعليمية والتربوية المرسومة كي يحدث في النهاية تغيير مرغوب فيه في سلوك الطلبة عن طريق اكسابهم معارف ومفاهيم ومهارات وعادات جديدة، وتعمل على مساعدتهم في الحياة العملية وتصقل شخصياتهم ومواهبهم.

ويلزم الإدارة الصفية كمفهوم تربوي توفر مجموعة من العناصر أو المقومات التي يمكن تنسيقها معا والتحكم فيها لتوجيه عمليتي التعلم وبلورة أهدافها التربوية إلى واقع محسوس.

ويتوجب التأكيد بأن عدم توفر واحد أو أكثر من هذه العناصر سوف يؤدي إلى تشويه نتائج الإدارة الصفية وسلبيتها عموما، أو إلى عدم وجود إدارة صفية بالمعنى التربوي على الإطلاق. وتتلخص هذه العناصر المكونة للإدارة الصفية من الوقت والمكان والعاملين من معلمين وتلاميذ ومن المواد أو التجهيزات العلمية.

وتتمثل أهم المفاهيم أو الواجبات التي تدور حولها الإدارة الصفية والتي يقوم المعلم عادة بأعباء تنفيذها في الأمور التالية:

1- التخطيط: والذي يحتوي هنا بالإضافة لعمليات تحضير الدروس اليومية وما تستوجبه من أنشطة تعلم وتعليم على جدولة وتوقيت هذه الأنشطة المختلفة بصيغ زمنية تتناسب مع حاجات التلاميذ ومتطلبات تسلسل المهارة أو المهمة التعليمية.

2- التنظيم: والذي تقع مهماته في نوعين: تنظيم التلاميذ للتعلم بترتيبهم حسب أسلوب معين أو توزيعهم على مجموعات وتعريفهم بأدوارهم

الفردية والجماعية، أو تنظيم الغرفة الصفية وما تحتويه من مواد وأجهزة وتجهيزات وأثاث بشكل يفيد عملية التربية الصفية ويسهل حدوثها.

3- التنسيق: وتشمل مهمة التنسيق وضع أحكام مناسبة لتنظيم بعض أنواع السلوك والروتين الصفي مثل انتقال أفراد التلاميذ من مكان لآخر في الغرفة الدراسية أو خروجهم منها.

4- التوجيه والانضباط: وتشمل هذه المهمة المزدوجة صنفين من العمليات، الأول: التحكم في تنفيذ الخطط والأحكام والإجراءات المختارة للتعلم والتعليم، والتعرف على مدى مناسبة هذا التنفيذ ونجاحه. والثاني: توجيه وضبط وتعديل السلوك الصفي للتلاميذ بصيغ تساعد على التعلم والتعليم.

ويختص التوجيه والانضباط في الغالب بالسلوك الصفي الإيجابي الضعيف في حدوثه، أو السلوك غير الإيجابي الذي قد يعيق العملية التربوية أو يبطئها.

5- التسجيل والتدوين: وتشكل هذه العملية المهمة الأخيرة للإدارة الصفية، وتضم في العادة عمليات مثل: تسجيل نتائج الاختبارات وتطوير السجلات للتلاميذ وتدوين الحضور والغياب، وتتم هذه العمليات بالطبع باستعمال المعلم لكشوف وسجلات متخصصة.

أنماط الإدارة الصفية:

ومن أنماط الإدارة الصفية السائدة نمط الإدارة التسلطية والذي بموجبه ينتاب المعلم شعور أنه أكبر من الطلاب سنا وأكثرهم خبرة، لهذا فهو دائما يتوقع منهم الطاعة والخنوع، ويرسم لنفسه صورة أبوية لا تجادل ويقاوم أية محاولة للتغيير لأنه يشعر أنها موجهة ضد سلطته داخل الصف.

إن مثل هذا النمط من الإدارة الصفية له آثاره السيئة، حيث إنه يربي طلابه على الخنوع والذي قد يؤدي إلى ظهور ثورة إذا ما سمحت الظروف، كما أنه يؤدي إلى عدم اطمئنان الطلاب لمعلمهم، وتفسد الثقة بينه وبينهم، وعادة يؤثر

هذا النمط على دافعية الطلاب للتعلم بشكل سلبي وتنتشر ظاهرة التسرب المدرسي.

أما نمط الإدارة الديموقراطي فهو الذي يمارس فيه المعلم سلوكا ديمقراطيا داخل الصف، ويحاول المعلم أن يطلب من طلابه تقليده والاقتداء به. وبلا شك أن مثل هذا النمط من الإدارة الصفية يؤدي إلى تحسن نتاج الطلبة كما وكيفا بوجود المعلم وغيابه. كما أنه يؤدي إلى تحسن عملية التعلم والتعليم وذلك لتجاوب الطالب مع المعلم وحبه وتقديره له. وهذا الحب والتقدير عادة يكون بشكل متبادل مما يؤدي إلى تكامل شخصية الطلبة من جميع الجوانب.

وهناك أنماط أخرى للإدارة الصفية لا مجال لذكرها هنا في هذه العجالة - مثال الإدارة الدبلوماسية والإدارة المترهلة والإدارة الموقفية وغيرها.

دور المعلم:

ويلعب المعلم دور القائد وربما المسيطر والمبادر في النشاطات الصفية. إن قيام المعلم بهذا الدور قد يحقق نوعا من التواصل بينه وبين طلابه من خلال الأهداف التعليمية التي يهدف إلى تحقيقها، لكن مثل هذا التواصل لا يؤدي بالضرورة إلى تفاعل يسفر عن تأثير متبادل بين المعلم والطلاب، أو بين الطلاب أنفسهم. لذلك نادى بعض علماء النفس أمثال ماسلو وروجرز إلى إيجاد مناخ تعليمي، أو إرشادي، أو إداري تسوده علاقات إنسانية لأن مثل هذا المناخ يمكن أن يفسح مجالا أكبر لتحقيق الأهداف. والمقصود بالعلاقات الإنسانية هنا، هم الاهتمام بالطلاب على أنهم كائنات إنسانية لهم حاجاتهم الجسمية والنفسية والروحية والاجتماعية والمعرفية ومن الضروري إشباعها.

فالصف الإنساني يعمل على تحقيق ذات المتعلم ويحميه من ضغوط المنهاج والامتحانات، والأسرة. ويصبح أكثر إنجازا في التحصيل من الصف العادي. ومن البديهي أن الصف الإنساني يصنعه المعلم الإنساني الذي يمتلك خصائص إنسانية فعالة على المستويات المعرفية والمهنية، وهما متداخلتان. فالخصائص المعرفية لها علاقة بإعداد المعلم مهنيا وبقدرته العقلية. والخصائص

الشخصية للمعلم لها دور كبير في بناء الصف الإنساني مثل الاتزان الانفعالي، والحماس، والدفء، والتعاطف، واللباقة، وحسن التصرف.

أما التفاعل الاجتماعي في الصف فهو ضروري، وكون الصف المدرسي مجموعة من الأفراد يسلكون ضمن تنظيم اجتماعي محدد لتحقيق أهداف فردية وجماعية اجتماعية، والمناخ الاجتماعي تؤثر فيه متغيرات كثيرة مثل البيئة الصفية، وتفاعل المعلم مع الطالب وتفاعل الطالب مع الطالب وغيرها.

قد أثبتت الدراسات الميدانية أن أثر المعلم واستراتيجيات تفاعله في تكوين ذات أكاديمية عالية لدى الطلاب، وبخاصة في مراحل التعلم المبكرة، يساعد على تطوير الجوانب الشخصية للطالب والتي تفيده في حياته المستقبلية والواقعية.

استراتيجيات عملية لتحفيز التعلم الصفي:

أ- التعرف على خصائص التلاميذ وأنواع حوافزهم:

إن تحديد المعلم لخصائص تلاميذه والتعرف على حاجاتهم واهتماماتهم هي المفتاح الفعال لتحفيزهم أو تحريكهم ذاتيا للتعلم. فإذا لم يتوفر الحافز الذاتي لدى التلاميذ فإن هناك إمكانية ما تزال لتعلمهم، خاصة إذا توفر لهم المعلم الموجه الذي يتولى تعزيز سلوكهم وتشجيعه في الوقت وبالصيغة المناسبتين. ومن الاستراتيجيات التي يمكن مراعاتها ما يلي:

1- الملاحظة المستمرة الهادفة داخل المدرسة وخارجها بغرض الاستفادة منها في تحفيز التلاميذ.

2- الطلب من التلاميذ سرد الأشياء التي يفضلون عملها أو يشغلون بها وقت فراغهم.

3- استعمال المعلم لاستطلاعات الميول والاهتمامات ليستنتج من خلالها الهوايات الخاصة.

4 -معرفة تخطيط الوقت لدى التلاميذ وما هي الأنشطة التي يملؤون بها أوقاتهم وكيفية توزيع التلاميذ لأوقاتهم.

5 -تكرار أفراد التلاميذ لسلوك أو قيمة معينة أكثر من غيرها، وقوة حدوث السلوك أو القيمة لدى أفراد التلاميذ.

6 -استعمال المعلم لوسائل الاسقاط الشخصية (Projective Personality Techniques) ليستنتج منها مزايا التلاميذ الفردية ومشاكلهم.

ب- استراتيجيات خاصة لتحفيز التعلم من خلال عمليات التعلم:

تتوزع الاستراتيجيات التحفيزية بشكل عام على العمليات التعليمية التالية:

1 -تهيئة التلاميذ للتعلم.

2 -تنفيذ أو تطوير المهارات المستجدة في الأهداف السلوكية.

3 -توجيه الفصل وقيادته.

4 -طبيعة جو العمل.

ج- استراتيجيات خاصة لتحفيز التعلم من خلال الاستجابة البناءة لميول التلاميذ وحاجاتهم الإنسانية:

يمكن تقسيم هذه الاستراتيجيات إلى النقاط التالية:

1 -الاستجابة البناءة لميول التلاميذ، وذلك من خلال مشاركة المعلم أفراد التلاميذ بشيء أو عمل هام لديهم، واستماعه لهم باهتمام وتعاطفه معهم وكذلك تصديه إيجابيا لميول التلاميذ السلبية بخصوص المادة الدراسية.

2 -الاستجابة البناءة لحاجات التلاميذ الإنسانية سواء حاجات سد العجز أو النقص ثم حاجات النمو.

3 -الاستجابة البناءة لحاجات التلاميذ الفيسيولوجية مثل الراحة، والطعام، والشراب، والتنفس، والنشاط والحركة الفطرية باختياره للمعلومات والأنشطة التربوية التي ترتبط بحاجات التلاميذ

الفيسيولوجية، والتنبه لحالات عدم ارتياح التلاميذ ومحاولة إزالة الأسباب المؤدية لذلك.

4- الاستجابة البناءة لحاجات الأمن ومثال ذلك تقليل أو إزالة عناصر البيئة التعليمية التي تؤدي إلى الفشل.

5- الاستجابة البناءة لحاجات التلاميذ الاجتماعية.

6- الاستجابة البناءة لحاجة الذات عند التلاميذ.

7- الاستجابة البناءة لحاجات الاستقلال لديهم.

المشكلات الصفية والانضباط:

أما المشكلة القديمة الجديدة التي يعاني منها معظم المعلمين فهي مشكلة الانضباط في الصف. إن كثيرا من الدراسات والبحوث قد أشارت إلى أن المشكلات الصفية يمكن أن تتلاشى (أو تقل) من غرفة الصف بالتعليم والتعلم الفعال. أي أنه من أهم مسؤوليات المعلم أيضا هو إيصال الطالب إلى مرحلة متقدمة من مراحل الانضباط الداخلي الذاتي. وأن يتصرف الطالب وفق القوانين، وتكون تصرفاته طوعية تنبع من داخله وليس لأسباب مفروضة عليه من الآخرين وعقابية. ولن يحصل مثل هذا السلوك من الطالب إلا إذا كان يعيش في بيئة منضبطة تزوده بنماذج الانضباط الذاتي الصحيح مما تزيده خبرة ذاتية، تساعده في تمثل هذا السلوك المنضبط.

كما وقد أثبتت الدراسات أن لطريقة تعامل الإدارة المدرسية والمعلمين مع طلابهم تأثيرا كبيرا في سلوك الطلاب، فقد تؤدي إلى زيادة السلوك المرغوب فيه في المدرسة. وقد يؤدي أيضا إلى عكس ذلك تماما كدفع الطلاب إلى الانحراف وإلى ممارسة أنواع السلوك غير المرغوب فيه. ويمكن تقسيم المشكلات غالبا إلى نوعين هما:

1- المشكلات التعليمية التعلمية: وهي التي يمكن تحديدها بأي سلوك يقوم به الطلاب ويؤدي إلى إعاقة قدرتهم على التعلم، أي أنها تركز على التعلم والتعليم، والأمثلة على ذلك كثيرة مثل عدم قيام الطالب بإنجاز

الواجبات البيتية أو عدم تحضيره للدروس اليومية أو عدم متابعة وانتباه الطالب للمعلم أثناء الشرح وغيره. لكن المعلم الفعال يستطيع أن يضع حلولا مناسبة لحل أو التخفيف من حدة هذه المشكلات، وقد يمنع وقوعها قبل أن تقع وذلك بتوفير بيئة صفية مناسبة واشغال الطلاب بما يفيدهم ويحسن من تعلمهم.

2 -المشكلات السلوكية: ويقصد بها المشكلات التي ليس لها أثر مباشر في العملية التعليمية التعلمية مثل التكلم داخل الصف دون إذن من المعلم أو الضحك المرتفع، الحديث الجانبي، الأكل أو الشرب داخل الصف، الكذب، السرقة وغيرها.

إن المعلم وحده لا يستطيع حل مثل هذه المشكلات السلوكية الصعبة بل لابد من تضافر الجهود والتعاون بينه وبين أولياء الأمور أو المعلمين الآخرين أو مع أي شخص يكون له تأثير في حل هذه المشكلة.

ولتحقيق انضباط فعال فإنه يجب مرعاة ما يلي:

أ- التمييز بين مصادر القوة في الغرفة الصفية: إن قوة السيطرة والتأكيد على الطلاب في الغرفة الصفية ينبع إما من السلطة الوظيفة (كونه معلما) أو من شخصية المعلم وإنسانيته. والمهم هنا أن يميز المعلم بأن قوته لا تنبع مما يعتقده بأنه صحيح بل مما يعتقده التلميذ بأنه صحيح، وهذه النظرة هي التي تحدد مصدر القوة في الغرفة الصفية. ولكن يجب التأكيد هنا أن مصدر القوة الوظيفي يعتبر الوسيلة الأكثر فاعلية في ضبط الصف في حال انعدام العلاقات الإنسانية داخل الغرفة الصفية أو في حال وجود علاقات إنسانية رسمية. مثال: المراقبة أثناء الامتحانات، أو أثناء حدوث أمور طارئة مثل نشوب حريق في المدرسة أو ظهور صراع معين بين الطلبة، وهذا الانضباط مؤقت ويزول بزوال المؤثر، في حين أن مصدر القوة الإنساني أكثر ديمومة واستمرارية.

وفي حال اللجوء إلى مصدر القوة الإنساني (الشخصي) يجب التأكيد على الطلاب بضرورة فصل علاقاتهم الإنسانية عن علاقاتهم الرسمية مع المعلم.

فالخطر هنا دائما يأتي من اعتقاد الطلاب بأن المعلم قد يغض الطرف عن سلوكهم أو تصرفاتهم لأنه صديقهم.
فإذا أحسن استخدام مصدر القوة الوظيفي ومصدر القوة الشخصي فإنه يمكن الحصول على منافع أكبر لتحقيق الانضباط وزيادة التحصيل في الصف.

ب- موقع المعلم في الغرفة الصفية: فالمعلم الذي يقف في منتصف الغرفة الصفية يرى أو يؤثر على الطلبة في المقاعد الأمامية وربما جزء بسيط من بقية الطلبة الذين يصل إليهم نظره، وبالتالي فإن منطقة سيطرته تكون محددة. أما المعلم الذي يقف في الزاوية الأمامية من غرفة الصف فإنه يستطيع أن يوسع قاعدة اتصاله بأكبر عدد ممكن من الطلبة وبالتالي فإن منطقة سيطرته تكون أكبر وكذلك الحال بالنسبة للمعلم الذي يتحرك في الغرفة الصفية.

ج- تحديد المسافة الشخصية للطالب: وهي المسافة التي يتضايق الطالب إذا دخلها غريب، وبالتالي يتحرك إليها المعلم من أجل ضبط سلوك طالب معين أو مجموعة معينة من الطلاب.

وفي النهاية فإنه يمكن القول إن عملية إدارة الصف ليست بالعملية السهلة إذ أنها تحتاج إلى أن يتخذ المعلم قراراته الحكيمة الدقيقة في مختلف المجالات وذلك للوصول إلى تحقيق الغايات والأهداف التي يسعى لتحقيقها وإلى إحداث التغيرات المرغوبة في سلوك طلابه، فالمعلم عامل تغيير في غرفة الصف. فعلى المعلم أن ينوع من طرق تدريسه لطلابه، أي أن ينوع في صنع قراراته لأنه من المعروف أن التكرار وانعدام التنوع يؤديان إلى الملل والضجر عند الطلبة مما يجعلهم يلجأون لممارسة سلوكات خاطئة.

والقاعدة العامة تقول: "إن المعلمين الأكفياء في تدريسهم يواجهون مشكلات أقل من حيث العدد والنوع من غيرهم ."

مراحل إدارة الصف:

تمر مراحل إدارة الصف بمراحل عدة، ولكن يمكن تلخيصها بثلاث مراحل مهمة هي:

1- على المعلم أن يطور رؤية واضحة حول العوامل أو الظروف التي تجعل تدريسه فعالا (تحديد الظروف الصفية المرغوبة.)

2- أن يحلل الظروف الصفية الواقعية ليقاربها مع الظروف المرغوبة.

3- أن يميز بين المشكلات الفردية والمشكلات الجماعية.

أ- المشكلات الفردية :

1- لفت الانتباه ـ ويقسم إلى قسمين:

أ- النشط: التباهي، التهريج، التسبب في الأذى، الطفولية، طرح الأسئلة المتواصل، البغضاء.

ب الهادئ: الالحاح في طلب المساعدة التي قد لا يكون بحاجة إليها.

2- البحث عن القوة ـ ويمكن التمييز بين نوعين هما:

أ- النشط: المجادلة، الكذب، المعارضة، العصيان.

ب- الهادئ: تصرفات الطالب الكسول الذي لا يحقق أي عمل حيث يكون   كثير النسيان والإهمال والعناد.

3- طلب الثأر والشراسة أو العناد والتحدي: ويظهر الطالب في هذا النوع محبطا ومشوشا فيسعى لتحقيق النجاح من خلال إيذاء الآخرين.

4- عرض سلوك عدم الفكاءه: لا يشعر الطالب بالانتماء فيفقد الأمل في النجاح ولا يتوقع إلا الفشل ويرافق ذلك سلوك الإنسحاب ويأخذ هذا النوع من المشاكل الشكل الهادئ دون النشط.

ب- المشكلات الجماعية:

1- الافتقار للوحدة: ظهور الصراعات بين الطلاب بسبب الجنس أو العرق والذي يؤدي إلى العداء والتوتر ويشعر الطلاب بعدها بعدم الرضى.

2- عدم التقيد بالقواعد السلوكية: الضوضاء والاضطراب في أوقات يتوقع من الطلاب أن يكونوا هادئين والكلام بصوت مرتفع والتزاحم في الاصطفاف.

3- ردود فعل سلبية نحو فرد من أعضاء الجماعة وظهور مشاعر العداء نحو أشخاص غير مرض عنهم من الجماعة والذين ينحرفون عن قواعدها أو يحجبون جهودها.

4- قبول الجماعة لسوء تصرف ما: مثال التهريج والذي إذا تم تبنيه من قبل جماعة الصف يعتبر مشكلة فردية وجماعية.

5- الميل إلى التأثر بالعوامل الخارجية وتوقيف العمل. رفض الطلاب للعمل لأنهم يشعرون أن المعلم غير عادل. وتتميز هذه المواقف بعدم الثقة والقلق.

6- تدني الروح المعنوية وظهور العداء والمقاومة وردود الفعل العدوانية. ومن الأمثلة على ذلك الاستيضاحات المتكررة عن الوظائف وضياع الأقلام ونسيان الواجبات البيتية والتذمر والشكوى وغيرها.

7- عدم التكيف للتغير البيئي: ردود فعل العنف على غير الملائم لقانون جديد أو ظرف طارئ أو تغيير في الجدول الدراسي.

دور المكتبة المدرسية في تطوير المنهج المدرسي:

كثيرا ما يشغل فكر أمناء المكتبات المدرسية قضية هامة خلال عملهم، وهي قضية "العلاقة بين مكتبة المدرسة وبين المنهج المدرسي" وكثيرا ما يتساءلون: هل للمكتبة المدرسية دور إيجابي في خدمة المنهج المدرسي؟ والإجابة السريعة هنا هي: المكتبة المدرسية من أساسيات الحياة المدرسية، ولابد أن ترتبط بالمنهج المدرسي كي يؤدي هذا المنهج دورا إيجابيا سليما في إطار العملية التعليمية. ففي البداية لابد من وضع تعريف أو إطار عام لتعريف المكتبة المدرسية.

وحيث إن هناك تعريفات عديدة للمكتبات المدرسية، ورغبة في عدم الإطالة فإنه يمكن القول إن المكتبات المدرسية هي تلك التي تلحق بالمؤسسات التعليمية لما قبل المرحلة الجامعية سواء كانت معاهد، أو مدارس ثانوية، أو متوسطة، أو ابتدائية، أو حتى ما قبل المرحلة الابتدائية.

وبما أن المكتبة المدرسية ضرورة من ضروريات الحياة المدرسية، كان لابد أن يربط التلميذ بالمكتبة ارتباطا وثيقا، ذلك لأن للمكتبة آثارا بعيدة المدى في حياة التلميذ ولأن المعلومات التي يستفيد منها وتظل عالقة في ذهنه فترة طويلة هي التي يحصل عليها عن طريق البحث والتنقيب سواء منها التعليمية التي لها صلة بالمنهج أو التي تكون ذات صلة بنشاط آخر بعيد عن الكتاب المدرسي.

ولذا فإن المكتبة المدرسية تقوم بدور إيجابي في تنمية مدارك التلميذ ثقافيا واجتماعيا حيث إن المنهج المدرسي ليس كافيا، ولا يزوده إلا بالحد الأدنى من المعلومات. وهنا يبرز دور المكتبة في تكملة المعلومات التي تسد النقص، والتي توسع من مداركه وتعمل على تشكيل وصياغة شخصيته وتمده بالمهارات التي تساعده في البحث والتعلم الذاتي. ومن الغبن أن يكون هناك اعتقاد أن العملية التعليمية تعتمد على الكتاب المدرسي فقط.

وتعد المكتبة المدرسية حجر الزاوية في نظام التعليم الحديث، الذي أثبت أن الطرق التقليدية التي تقوم على التلقين والحفظ لا تحقق الأهداف المنشودة للعملية التربوية.

والسؤال المطروح هنا، هل المسؤولون عن التعليم والمدرسون مدركون حقا لأهداف المكتبات المدرسية ووظائفها، وللخدمات الهادفة والمثيرة التي تؤديها للدارسين والمدرسين؟ يبدو أن كثيرين منهم يجهلون ذلك تماما وإلا فما معنى اتخاذ منهج تعليمي يعتمد على الكتاب المدرسي الذي يوزع مجانا أو برسوم زهيدة، واختيار نمط التلقين والحفظ في معظم المقررات؟ إن هذا الأسلوب

قاصر تماما عن اشباع رغبات الطلاب، فضلا عن أنه يقضي على فكرة استخدام المكتبة المدرسية لا من قبل الطلاب فحسب، بل والمدرسين أيضا.

إن الاعتماد الكلي على الكتاب المدرسي في تحصيل الطالب (وخاصة في امتحان الثانوية) يدل على عدم إدراك الأهمية الحقيقية للمكتبة المدرسية، وللدور المهم والحيوي الذي تؤديه في رفع المستوى العلمي والثقافي للدارسين... نعم، التعليم لا يأتي بالتلقين والحفظ، ولا بالاعتماد على كتاب واحد لكل علم من العلوم. المفروض أن تركز المدارس في مراحل التعليم الأولى على تعليم الأطفال القراءة والكتابة، فإذا أتقنوا كيفية القراءة، انتقلوا من مرحلة التعلم للقراءة إلى مرحلة أكثر أهمية وهي مرحلة القراءة للتعلم، والتي يبقى فيها للتربويين وللمسؤولين في المكتبات دور التوجيه والإرشاد، إذ هي وحدها يمكن أن تكشف النسب المتفاوته بين الطلاب في القدرات والمهارات والمواهب والاهتمامات والتي تميز كل دارس عن غيره - مراعاة الفروق الفردية.

فالمكتبة المدرسية عنصر أساسي في المجتمع المدرسي، وهي دعامة لابد منها للمنهج المدرسي، وعن طريقها يمكن أن تتحرر من قيود الفصل الدراسي والحصة الصفية وقيود المنهج التقليدي، وفي نفس الوقت تستطيع أن تنمي في أذهان التلاميذ الفكرة بأن الرغبة في البحث والتنقيب عن المعرفة هي صفة هامة من صفات كل إنسان طبيعي.

فلا يمكن أن تؤتي التربية ثمارها الطيبة إلا إذا ارتبطت بالمكتبة المدرسية، لأن التلميذ في المكتبة يعرف كيف يحصل على المعلومات بنفسه، حتى إذا خرج إلى الحياة بعد انتهائه من الدراسة لم يعجز عن مواصلة التعليم. ومكتبة المدرسة هي الأساس، الذي ترتكز عليه جميع الاتجاهات التربوية الحديثة التي تؤكد على نشاط التلميذ وفاعليته. ودور المدرس هو التوجيه وتهيئة الموقف التعليمي ثم تحديد مصادر العملية التعليمية، وهذه المصادر في أغلبها كتب وكتيبات ودوريات (مجلات)، وأفلام وشرائح وخرائط، وهذه كلها مكانها المكتبة المدرسية، فهي بمثابة المعمل أو المختبر العام لجميع المقررات الدراسية في المدرسة.

والمكتبة المدرسية لها رسالتها الخاصة التي تتميز عن سائر المكتبات الأخرى حيث إنها لا تستقبل التلاميذ الراغبين في القراءة فحسب، بل إنها ترغب في القراءة للذين لا يرغبون في القراءة وتتخذ من الوسائل التربوية ما يعالج انصراف هؤلاء عن القراءة، ولا تقف خدماتها عند التلميذ، بل تمتد إلى المدرسين فتزودهم بالجديد في المواد المختلفة وتساعدهم على مسايرة ما يجد من تطورات في العالم والمعرفة، هذا إلى جانب تدعيم الثقافة العامة بصفة خاصة. والمكتبة المدرسية هي مركز الحياة العقلية في المدرسة الحديثة، ذلك لأن التلاميذ يتدربون على أساليب البحث العلمي وكيفية الاستفادة من الكتب التي هي مستودع العلم والتجارب الإنسانية، فلابد إذن من تدريب التلاميذ على كيفية الوصول إلى ما يريدون من معلومات في أسرع وقت وأقل مجهود، وذلك أيضا لأن المكتبة المدرسية تزيل الحواجز التقليدية بين ما هو نظري وعملي، وبين ما هو عملي وأدبي وإنساني، أي تشكل الاتجاه نحو المحتوى المتكامل.

وأمين المكتبة هو أساسا مدرس تخصص في الاستخدام التربوي للمكتبة، لذا فإنه يسهم في ايجابية العملية التربوية وذلك لأنه يستطيع أن يعكس في المكتبة فلسفة التعليم والمناهج الدراسية كلها. ومن أجل ذلك فيجب على أمين المكتبة أن يقتبس طرق التربية الحديثة، وعليه أن يسأل ويثير موضوعات خاصة عند التلميذ لكي تشد انتباهه، وأن يربط بين أسئلته على اعطاء التلميذ ما يريد، ولكنه يواجه مسؤولية تكوين سلوك ومهارات لدى التلميذ. وليس أمام أمين المكتبة كتاب منهجي يلقيه على التلاميذ ثم يمتحنهم فيه، بل إن مجال الابتكار في الأساليب موفور لأمين المكتبة، ومن أجل ذلك فإن مسؤوليته مضاعفة.

الإشراف التربوي:

- الإشراف التربوي عملية ذات غرض رئيسي واحد وهو تحسين التدريس. وهو عملية تتم بين الأشخاص وتتناول السلوك التعليمي والمنهاج التربوي،

وبيئات التعليم، وتقسيم التلاميذ إلى مجموعات، واستغلال جهود المعلم، والتطوير المهني.

- ومع أن مجالات النشاط ونواتجه النهائية تختلف من ميدان لآخر، إلا أن جميع المشرفين يلزمهم الكثير من مهارات العلاقات الإنسانية، كما يحتاجون إلى معرفة عن الدافعية والقيم وتغيير السلوك.

- في الأصل استخدم مصطلح "مشرفو المدارس" للإشارة إلى الأشخاص الذين كانوا يدققون أعمال المعلمين للوقوف على مدى اتباعهم للمفردات الدراسية المقررة ومحافظتهم على قواعد السلوك المطلوبة منهم ومن تلاميذهم. وتسمى مهنة الإشراف اليوم بعدد واسع من الأسماء، وعلى ما يبدو فقد اختير بعضها لا بغرض تميز هذه المهنة عن غيرها وإنما لإبطال صورتها السلبية الأصلية، ومن هذه التسميات والتي جميعها شائعة في المدارس الأمريكية، رئيس الدائرة، المعلم المرجع، المنسق، اخصائي المنهاج، مساعد مدير التربية.

هل هناك حاجة إلى الإشراف التربوي؟

تزداد الحاجة اليوم إلى الإشراف التربوي بفعل عوامل اقتصادية وسياسية اجتماعية سائدة، والسبب بقاء المعلمين في مهنتهم فلابد للمواهب المحلية في المدرسة في الوقت الحاضر من أن تبتكر طرقا مختلفة وأفكارا جديدة كان الوافدون إليها كل عام يحملونها معهم إليها، ولابد أيضا من تحفيز المعلمين للعمل.

وقد اقترح كاتز (Katz) في مقالة له عام ١٩٧٢ أن للمعلمين حاجات تختلف باختلاف مراحل تطويرهم المهني.

1 -مرحلة البقاء ويحتاج المعلم فيها إلى الفهم والطمأنينة والتشجيع.

2 -فترة الإدماج ويكون المعلم مستعدا للتركيز على تلاميذه وعلى تعلمهم بشكل فردي لذا ينصح بالاستفادة من خبرات الاختصاصيين المقيمين في المدرسة.

3 -مرحلة التجديد وهي مرحلة يكون فيها المعلمون على وشك الوقوع في روتين ممل، وهنا يحتاج المعلمون إلى الاستشارة عن طريق الاجتماعات المهنية، الزيارات الصفية، المجلات المهنية...

4 -مرحلة النضج وفيها تعمل الدراسات العليا والبرامج الموصلة إلى درجة جامعية.

أهداف الإشراف التربوي:

1 -توفير معلومات حول تقدم التربية المدرسية وانجازاتها وأنواع الصعوبات التي تواجهها.

2 -توفير المعارف والإرشادات والتعليمات الموجهة للتربية المدرسية والمساعدة على اغنائها ورفع فعاليتها.

3 -توفير مشورة فورية للمعلمين والعاملين المدرسين أثناء إدارتهم للتربية المدرسية.

4 -توفير مساعدة فورية لأفراد المجتمع المدرسي لحل مشاكلهم وصعوباتهم اليومية.

5 -تحسين وتطوير المعلمين وعاملي الإدارة المدرسية وظيفيا كلا حسب خصائصه وحاجاته الفردية في مجالات مثل: الميول والمعرفة المتخصصة والمهارات التدريسية والإدارية المتنوعة.

6 -توفير بيئة نفسية واجتماعية ومادية مدرسية مشجعة للتعلم والإدارة والتعليم.

7 -تنسيق الجهود والمجالات المدرسية والاجتماعية لانتظام التربية المدرسية واستمرارها ورفع انتاجيتها.

8 -إدارة وتوجيه عمليات التغيير في التربية الرسمية ومتابعة انتظامها للعمل على تأصيلها في الحياة المدرسية وتحقيقها للآثار المرجوة.

9-مكافأة الجهات المدرسية المستحقة وتوجيه الأخرى لأعمال التدريب والتطوير المناسبة لكل منها.

10 -إذكاء الحماس والتنافس الشريف في التدريس بين المدرسين.

مجالات عامة للإشراف في التربية:

1 -مدخلات التربية المدرسية (معلمون، إداريون، طلاب، منهج دراسي، مجتمع محلي، بيئة مدرسية.(

2 -عمليات التربية المدرسية:

أ- عمليات قبل التعلم والإدارة والتدريس.

ب- عمليات تنفيذية خلال التعلم والإدارة والتدريس.

3 -نتائج التربية المدرسية:

أ- تحصيل التلاميذ الأكاديمي.

ب- التعديلات المستحدثة في سلوك وشخصيات المعلمين والإداريين والكوادر المدرسية الأخرى.

ج- التعديلات المستحدثة في البيئة المدرسية وفي البيئة الاجتماعية.

مكونات الإشراف في التربية:

1-المشاركون في الإشراف:

أ- مديري الإشراف كالمشرف أو المدير مثلا.

ب- مواضيع الإشراف كالمعلمين والإداريين.

ج- الخدمات البشرية المساعدة لتنفيذ الإشراف كالتلاميذ.

2-محيط الإشراف: المكان الذي تتم فيه العملية الإشرافية وكل ما يحيط به من خصائص بشرية، نفسية، شكلية، مادية.

3-موضوع الإشراف أو الهدف المتوخى من إنجازه: وقد يكون المعلم أو الإداري المدرسي أو أحد عوامل التدريس المدرسية أو الاجتماعية المحلية.

4- واسطة الإشراف: وهي الوسيلة التي يستعان بها لجمع المعلومات الخاصة عن موضوع الإشراف.

5- نتاج الإشراف:

أ- البيانات التي يتم توفيرها بخصوص موضوع الإشراف.

ب- القرارات التقيمية الناتجة عن معالجة هذه البيانات وما تشير إليه عادة من تعديل أو تحسين أو تطوير أو تغذية للحاجات المدرسية في واقع الأمر.

طبيعة الإشراف الاكلينيكي:

في محادثة مع أحد الأساتذة أجاب قائلا:

"ما يزعجني أن المدير أو المشرف التربوي يأتي مرة أو مرتين في السنة لزيارة صفوفي، إنها فعلا طريقة مخيفة ومزعجة، أنا بالطبع لا أمانع أن يشرف علي شخص كان ناجحا أساسا كمعلم، ولكن الحاصل أن المشرفين الذين يحظرون عادة هم أولئك الأساتذة الذين كانوا ضعافا في موادهم ورفعو بطريقة أو بأخرى ليصبحوا مشرفين تربويين، والأكثر ازعاجا بأنهم لم يحصلوا على أي نوع من أنواع التدريب لكي يصبحوا مشرفين."

الروح الإشرافية بالطبع يصعب حصرها في كلمات، والإشراف الاكلينيكي ما هو إلا عملية إجرائية وطريقة مميزة في التعامل مع الأساتذة، ولكي تكون هذه الإجراءات فعالة، على المشرف الاكلينيكي أن يعمل عقله، حواسه، وأفعاله مع بعض لتحقيق الهدف الرئيسي للإشراف والتي تكمن في تطوير المعلمين سواء قبل الخدمة أو أثناء الخدمة.

معظم المعلمين في العادة لا يرغبون بأن يشرف عليهم بالرغم من معرفتهم المسبقة بأنها متطلب من متطلباتهم الوظيفية، لكن في الغالب تكون ردود فعلهم دفاعية حول عملية الإشراف ويعتقدون بأنها غير مجدية. لكن هذا التصميم بالطبع وبلا شك عليه بعض الاستثناءات، لأن بعض المعلمين قد استفاد من الإشراف، وبعض المشرفين الموهوبين أصبحوا مشهورين وفعالين في التعامل

مع الأساتذة. لكن حجم الأبحاث المنشورة في أدبيات الموضوع للأسف يؤكد التعميم وليس الاستثناء. ويلز (wiles) وجد بأن نسبة ضئيلة جدا % ١.٥ من المعلمين يرى بأن المشرفين هم مصدر لأفكار جديدة. كوجان (Cogan) أجرى العديد من الدراسات حول عملية الإشراف، ولخص إلى أن الإشراف، ومن الناحية النفسية على الأقل، ينظر إليه على أنه تهديد للمعلمين وعائق أحيانا أمام ترفيعهم، وأحيانا أخرى على أنه تحد لثقة المعلمين بأنفسهم.

بلمبرغ (Blumberg) راجع دراسات عديدة حول الإشراف أعدت من قبله ومن قبل زملاء آخرين ووجد بأن المعلمين ينظرون إلى عملية الإشراف على أنها جزء من النظام التربوي والتي لا تلعب دورا مهما في مهنة التعليم، وهي أشبه بأي عادات أو إجراءات وظيفية في أي مؤسسة بيروقراطية والتي أصبحت غير مجدية.

النظرة التشاؤمية هذه للإشراف وللوهلة الأولى تعطي الانطباع بأن الإشراف يفترض أن يلغى من العملية التربوية ولكن النظرة المتفحصة قد تكون بأن عداء المعلمين قد لا يكون لعملية الإشراف بحد ذاتها ولكن للأسلوب الإشرافي المتبع. فردود فعل المعلمين قد تكون ايجابية جدا لأسلوب إشرافي يعالج وينظر إلى اهتمامات المعلمين ويساعدهم على إيجاد الحلول المناسبة لمعالجة مثل هذه الاهتمامات. والإشراف الاكلينيكي هو الإشراف القائم على هذه الحقيقة لأن الهدف قائم على تحسين التعليم الصفي. ووظيفة المشرف التربوي في هذا النوع من الإشراف هي مساعدة المعلم على اختيار هذا السلوك الجديد، والتخطيط الواعي له، والدعم والتأييد في التدريس لتقليل احتمالات الفشل. أيضا الإشراف الاكلينيكي متفهم لسبب النظرة السلبية من المعلمين لعملية الإشراف. طبعا بعض الأسباب تكمن في أن الإشراف أصبح مقترنا بعملية التقييم، والمعلمون عادة يرتبكون عندما يعرفون بأن أحدا ما جاء ليقيم أداءهم خصوصا إذا علموا بأن هناك احتمالية الحصول على تقرير أو تقدير سلبي مما قد يعيق عملية ترقيتهم. والنقطة الأخرى في نظرة المعلمين

السلبية للإشراف تكمن في أن زيارات المشرفين عادة تنبع من حاجة المشرفين أنفسهم للقيام بالزيارة لا من حاجات المعلمين وبناء على طلبهم. وهذه طبعا تعيد إلى الأذهان عملية التفتيش التي كانت متبعة سابقا.

الإشراف الاكلينيكي طبعا جاء ليعالج معظم هذه القضايا وليجيب على معظم التساؤلات الموجودة في أذهان المعلمين. فالهدف الأول للإشراف الاكلينيكي يكمن في تطوير المعلم مهنيا وذلك من خلال تحسين وتطوير سلوكيات المعلمين الصفية وممارستهم التعليمية.

مراجع الفصل الحادي عشر

-أحمد عبد الباقي، حسن جميل طه. (١٩٨٣). مدخل إلى الإدارة التربوية. دار القلم، الكويت.

-جودت عبد الهادي. (٢٠٠٢)، الإشراف التربوي .. مفاهيمه وأساليبه. الدار العلمية الدولية، عمان.

-حسن عمر منسي. (١٩٩٦). إدارة الصفوف. دار الكندي للنشر والتوزيع، إربد.

-راتب السعود. (٢٠٠٢). الإشراف التربوي.. اتجاهات حديثة. مركز طارق الجامعية، عمان.

-سعيد الأسدي، مروان إبراهيم. (٢٠٠٣). الإشراف التربوي. الدار العلمية الدولية، عمان.

-علي الشوبكي. (١٩٧٧). المدرسة والتربية وإدارة الصفوف. دار مكتبة الحياة، بيروت.

-محمد زياد حمدان. (١٩٨٤). التعلم الصفي. تهامة، جدة.

-محمد عابدين. (٢٠٠١). الإدارة المدرسية الحديثة. دار الشروق، عمان.

-محمد عبد الرحيم عدس. (١٩٩٥). الإدارة الصفية والمدرسة المنفردة. دار مجدلاوي، عمان.

-محمود عبد الرزاق شفيق، هدى محمد الناشف. (١٩٩٨) إدارة الصفوف. دار الشروق، عمان.

-يوسف قطامي. (١٩٩٨). سيكولوجية التعلم والتعليم الصفي. دار الشروق، عمان.

الفصل
الثاني عشر

العلاقة بين المدرسة والمجتمع

مقدمة:

اتجه الفكر التربوي في الآونة الأخيرة إلى توثيق الصلة بين المدرسة والمجتمع المحلي، إذ يرى المربون أن ميدان التربية يجب أن يكون الحياة الواقعية بمفهومها الواسع، وأن على المدرسة الحديثة أن تهتم بوسائل جذب واستمالة الجمهور المحلي حتى يطرق الناس أبوابها، ليعرفوا أين يتعلم أبناؤهم وماذا يتعلمون، الأمر الذي يشعر أولياء أمور الطلبة بوجود رابطة خاصة تشدهم إلى المدارس التي يتعلم بها أبناؤهم فيشاركون في تخطيط سياستها الكبرى، ويؤدي إلى تكوين رأي عام يساندهم ويؤازرهم، كما يؤدي في الوقت نفسه إلى تطوير البرامج المدرسية ودوام تحسينها.

إن وظيفة المدرسة -بمفهومها الحديث- لم تعد تقتصر على إتاحة الفرص للطلبة لتلقي المعارف والمعلومات، ولم تعد رسالة المعلم مقصورة على تلقين الطلبة المعلومات الخاصة بالمواد الدراسية المختلفة، إن التربية بمفهومها الواسع الشامل أخذت تولي اهتمامها الرئيسي بتغذية العقل بشتى المعارف والخبرات المستخلصة من المواد الدراسية فهي معنية بسلامة الأبدان، وإقامة العلاقات الطيبة بين البشر وتأمين الصحة النفسية للمتعلمين وتمكينهم من التكيف مع المجتمع الذي يحيط بهم ليصبحوا قادرين على التأثير فيه والتأثر به، فيتحلون بالمثل العليا، والقيم الاجتماعية والأخلاقية والاتجاهات التي يعتز بها المجتمع.

إن علاقة المدرسة بالمجتمع المحلي ودورها بالمساهمة في تطوير المجتمع من المبادئ التربوية التي نادى بها التربويون، فالمدرسة ليست وحدة منعزلة تعمل منفردة، بل هي مؤسسة اجتماعية تؤثر في المجتمع كما يؤثر فيها.

ويجمع علماء النفس والتربية على أن المدرسة والمجتمع ينبغي لهما أن يعملا في تعاون وثيق لإنجاح العملية التربوية، غير أن إنشاء علاقات إيجابية بين البيت والمدرسة غالبا ما يكون عملا صعبا يسير ببطء وتحول دونه الكثير

من المعوقات، وإذا تحقق الاتصال بينهما يبقى مجرد اتصال شكلي عديم الفائدة في كثير من الأحيان.

فقد نشأت المدرسة كمؤسسة اجتماعية ضمن المجتمع لكي تؤدي وظيفتها في تعليم النشء وإعداده للحياة، وظلت لعصور طويلة تقوم بدورها في شبه عزلة عن المجتمع الذي تنتمي إليه، وربما يعود ذلك إلى أن مجتمعات تلك العصور كانت تتسم بالسذاجة وعدم التعقيد من جهة وإلى سهولة الدور الذي كانت المدرسة تضطلع به من جهة أخرى.

إن التطور سمة الحياة يصيب جميع مناحيها، فكان لابد للمجتمع أن يتطور ويزداد تعقيدا، وكان لابد أن ينعكس ذلك على مؤسساته المختلفة ومنها المدرسة، فاتسعت وظيفتها وتشعبت، إذ لم يعد مفهوم التربية مقتصرا على إعداد الفرد للحياة فحسب بل أصبحت التربية هي الحياة نفسها، وأصبحت التربية بمفهومها الإنساني الواسع تنظر إلى التلميذ على أنه عضو في جماعة تشكله وتؤثر عليه مؤثرات مختلفة يتعرض لها في الأوساط المختلفة التي يعيش فيها: المنزل، المدرسة، وكذلك الجماعة والرفاق، وعليه فقد أصبحت المدرسة بمفردها غير قادرة على تحقيق وظيفتها دون مؤازرة وتعاون المجتمع المحلي بمؤسساته المختلفة ودون التنسيق خاصة مع الأسرة (المنزل) حيث تشكل عملية تربية النشء عاملا مشتركا بين وظيفة المدرسة والبيت.

إن التعليم الجيد -الوظيفة الرئيسية للمدارس- يعتمد بدرجة كبيرة على وجود علاقة وثيقة بين المدرسة والمنزل، فالأبناء - طلبة المدارس- يشكلون محور اهتمام المدرسة والآباء، غير أن الآباء يتحرجون في البداية من زيارة المدرسة.إن مثل هذه اللقاءات والزيارات بالإضافة إلى أنها تفتح آفاقا للتعاون والمؤازرة بين المدرسة والمجتمع فإنها تفيد في توضيح البرامج التربوية التي تنفذها المدرسة والحصول على تأييد المجتمع المحلي وموافقته عليها، كما تمكن المدرسة من التعرف على إمكانيات المجتمع والاستفادة منها، والتعرف

على حاجات المجتمع والطلبة فتعمل على تلبيتها كما تؤدي إلى ظهور أفكار جديدة يمكن أن تعود بالنفع على المدرسة والمجتمع.

ومع تطور وظيفة المدرسة لم تعد الزيارات التي يقوم بها الآباء لمدارس أبنائهم كافية لتحقيق التنسيق الأمثل بين المدرسة والمجتمع المحلي، فكان لابد من البحث عن آلية جديدة للتعاون، مما أدى إلى ظهور فكرة مجالس الآباء والمعلمين، والذي أصبح تشكيل مثل هذه المجالس أحد الإجراءات التي تنفذها المدرسة مع مطلع كل عام دراسي حيث تقوم المدرسة بتوجيه الدعوات لأولياء الأمور لحضور ما يسمى باجتماع الهيئة العامة للآباء والمعلمين والذي غالبا ما ينتهي بانتخاب عدد من أولياء الأمور والمدرسين لتشكيل مجلس الآباء والمعلمين في المدرسة، وتكون مهمته وضع خطة عامة للتعاون بين البيت والمدرسة لحل المشكلات الاجتماعية والأكاديمية بما يمكن المدرسة من تنفيذ خطتها في معالجة مشكلات مثل: التأخير الدراسي للطلبة، وقضايا انتظام الطلبة في الدوام المدرسي والتسرب، وجنوح التلاميذ وانحرافاتهم.

غير أن هذه المجالس لم تتمكن من القيام بدورها بالشكل المناسب والمطلوب، إذ لم يحسن تنظيمها من جهة ولم يتحدد دورها بشكل واضح من جهة أخرى، مما أدى إلى زيادة تدخل الآباء في الشؤون الفنية أو المهنية للتعليم، الأمر الذي أدى إلى اتجاه ضد مثل هذا التدخل، وفي العديد من المدارس فقد اتسم تشكيل مثل هذه المجالس بالشكلية، بحيث لم يتعد دورها مجرد تشكيلها فحسب.

ورغم إيمان القائمين على العملية التربوية، وأولياء الأمور بأهمية قيام علاقات وطيدة بين المدرسة والمجتمع مما يمكن من إيجاد حلول للمشكلات التي تواجهها والتي لا تستطيع بمفردها التغلب عليها، فإن ثمة العديد من الصعوبات والمعوقات التي تحول دون قيام مجالس الآباء والمعلمين بدورها على الوجه الأكمل. من الصعوبات أيضا تكوين تصور خاطئ لمهمة مجالس الآباء والمعلمين في المدارس على أنها مهمة رقابية على سير العمل في المدرسة

الأمر الذي أدى إلى ردود فعل سلبية عند المدرسين ضد مثل هذه المجالس، إن الجزء الآخر من هذه المعوقات يعود إلى تمسك المدرسة بتقاليدها، وعدم محاولتها كسر حاجز العزلة الموروث بينها وبين المجتمع وبناء جسور لإقامة علاقة جيدة مع المجتمع المحلي.

ومع انتشار مفاهيم اللامزكرية والديمقراطية في العقدين الأخيرين، ظهر نهج معاصر لربط المدرسة بالمجتمع تحت شعار (مدرسة المجتمع) وتنطوي برامج مدرسة المجتمع على أهداف عديدة منها تنمية طرق ووسائل التكامل الأعمق بين نشاطات المدرسة والمجتمع، وجعل ملامح الحياة اليومية من النقاط البؤرية في منهاج المدرسة عن طريق ربط التعليم بالحياة، وتسخير المناطق المعنية في المجتمع، كالمزارع النباتية والحيوانية والدواجن والصناعات وأوجه النشاط المختلفة للمجتمع- غير المنسقة في منهاج المدرسة- لخدمة تحقيق شعار ربط التعليم بالحياة، وإدخال المرونة الواقعية من خلال منهج "الموضوع" أو الوحدة النموذجية. وبالمقابل فإن مفهوم مدرسة المجتمع يدعو إلى وضع مرافق المدرسة وإمكاناتها من مبان ومرافق وساحات، وخبرات في خدمة المجتمع المحلي، ومن أوجه ذلك الاستخدام المشترك لمباني المدرسة ومنشآتها، استخدام الساحات والملاعب لإقامة المهرجانات المحلية والرياضية والعروض المسرحية، والاستفادة من الخبرات المتوفرة في المدرسة في إقامة فصول محو الأمية، والتدريب الميداني، وأوجه التعليم المستمر بعقد الدورات بمختلف المواضيع وإقامة الندوات والمهرجانات التي تخدم المجتمع المحلي والتي تعد من الوسائل البسيطة والفعالة في تقريب المدرسة من المجتمع المحلي.

وفي مجتمعنا الأردني اهتمت وزارة التربية والتعليم بتوثيق الصلة بين البيت والمدرسة فأصدرت تعليمات تتعلق بتكوين مجالس الآباء في العام المدرسي (١٩٧١ / ٧٠) وذلك استنادا للمادة (١١٦) من قانون التربية والتعليم رقم (١٩٦٤ /١٦)، وكان من واجبات هذه المجالس وضع خطة عامة للتعاون بين المدرسة والبيت

من أجل حل المشكلات الاجتماعية والتحصيلية للطلبة وتحديد أوجه التعاون بين الآباء والمعلمين، والاستفادة من خبرات الآباء وإمكاناتهم في دعم العملية التعليمية وخاصة في المجالات العملية للآباء (وزارة التربية والتعليم، قسم التوثيق، ١٩٨٣)، ورغم الاعتقاد السائد بأهمية تقوية الصلة بين البيت والمدرسة إلا أن الصلة تتيح الفرصة للتلاميذ للإفلات من الرقابة والإشراف الضروري لتوجيه سلوك التلميذ وتقويمه، وضرورة دعم الآباء والمجتمع للطلبة الذين يعانون من صعوبات في التعلم، وقيام المعلمين بإشراك الآباء والمجتمع في مساعدة هؤلاء الطلبة من أجل زيادة فاعلية الجهود المبذولة للتغلب على صعوبات التعلم لدى الطلبة المتأخرين دراسيا، وأهمية تعاون المدرسة مع البيت لحل مشكلة التسرب التي تواجهها المدرسة، ولا سيما في المرحلة الإلزامية والتي لا تستطيع المدرسة حلها بمفردها، الأمر الذي يزيد من الهدر التربوي. رغم ذلك كله فإن مستوى التعاون بين الآباء والمعلمين في المجتمع الأردني ما زال دون الحد الأدنى المطلوب للتعاون، إذ أشارت الدراسات حول التأخر الدراسي إلى أن مستوى مشاركة أولياء الأمور في الأردن ليست بالمستوى المطلوب، واقترحت استخدام أساليب أكثر فاعلية لاستقطاب جهود أولياء الأمور وتعاونهم مع المدرسة، لما له من انعكاسات إيجابية في معالجة مشكلات التأخر الدراسي لدى أبنائهم، وتشير الدراسات حول مجالس الآباء والمعلمين في الأردن إلى ثمة معوقات تعترض سبيل التفاعل بين المعلمين والمعلمات من جهة، وبين أولياء الأمور من جهة أخرى، وتتلخص هذه المعوقات كما تعرضها دراسة (حجازي، ١٩٧٥) في:

- ندرة وجود مقابلات منظمة ومستمرة بين أولياء الأمور والمعلمين، وإن وجدت فهي تقتصر على استدعاء ولي الأمر لمقابلة المدير أو أحد المعلمين في حالة وجود مشكلة تتعلق بابنه.
- عدم محاولة المعلمين والمديرين الحصول على معلومات عن أولياء الأمور تتعلق بظروفهم وأعمالهم.

-عدم مبادرة أولياء الأمور بتزويد المدرسة بمثل هذه المعلومات.

-قلة التوعية بفكرة مجالس الآباء والمعلمين وأهميتها، وعدم وضوح أهدافها وتوقيت انعقادها حيث غالبا ما تعقد بعد الدوام المدرسي للمعلمين وبعد ساعات العمل للآباء.

-عدم توفر التسهيلات اللازمة لانعقاد المجلس في المدرسة أحيانا.

-قلة اهتمام أولياء الأمور بحضور اجتماعات مجلس الآباء والمعلمين، اعتقادا منهم بأن المدرسة هي المتخصصة بشؤون التعليم، واعتقادهم بأنهم ليسوا معنيين بذلك، واعتقادهم الراسخ بأن المدرسة تقوم بدعوتهم لجمع التبرعات لخبرتهم المسبقة بذلك، وعدم إشراك المدرسة لهم في إعداد جداول أعمال اجتماعات المجالس. ولا يقتصر ضعف التعاون بين البيت والمدرسة على المجتمع الأردني، بل إن المجتمعات الغربية أيضا تعاني من هذه الظاهرة، حيث تشير الدراسات إلى أن من عوائق الاتصال بين البيت والمدرسة انشغال الآباء والمعلمين بمسؤوليات العمل والحياة، وارتفاع مستوى المعيشة. كما تشير دراسة جرانت إلى أن خبرات الآباء المنفردة والتي مصدرها ذكرياتهم عن حياة المدرسة وما يتعرضون له من توبيخ وعقوبات من قبل مدرسيهم أثناء حياتهم الدراسية، تقلل من دافعيتهم لزيارة المدرسة لضعف الثقة بين الآباء والمدرسة.

أما فيما يتعلق بالعوامل التي تعيق قيام علاقة نشطة بين أولياء الأمور والمدرسة والتي ذكرها مديرو ومديرات مدارس محافظة الكرك كأسباب وراء تدني هذه العلاقة في الدراسة التي أجراها د. اخليف الطراونة و د. ساري سواقد من جامعة مؤتة (١٩٩٦) فهي كما يلي:

202

استقصاء مستوى العلاقة بين المدرسة والمجتمع المحلي

أ- الأسباب المتعلقة بأولياء الأمور:

الأسباب	النسبة المئوية لتكرارها
1- عدم توفر الوعي الكافي لدى أولياء الأمور لدورهم في العملية التعليمية.	% 90
2- كبر حجم العائلة وانهماك أولياء الأمور بأعمالهم الخاصة لتأمين حاجات الأسرة المادية.	% 84
3- مواعيد انعقاد مجالس الآباء والمعلمين لا تناسب أولياء الأمور.	% 80
4- تدني نظرة أولياء الأمور لأهمية التعليم في حياة أبنائهم الخاصة بعد انتشار البطالة بين صفوف الخريجين من المستويات التعليمية المختلفة.	% 78
5- تحرج أولياء الأمور من زيارة المدرسة وذلك إما لتدني المستوى الاقتصادي والاجتماعي لهم، أو معرفتهم المسبقة بمستوى تحصيل أبنائهم وخوفهم من توجيه اللوم لهم على ذلك.	% 75
6- الطبيعة المحافظة للمجتمع تجعل الآباء يتحرجون من زيارة مدارس الإناث، والأمهات يتحرجن من زيارة مدارس الذكور.	% 75
7- الخبرات السابقة لأولياء الأمور جعلتهم يعتقدون بأن دعوتهم لزيارة المدرسة هي بقصد التبرعات.	% 68
8- النعرات القبلية بين أولياء الأمور وبعض القائمين على العمل في المدرسة خاصة عندما يكون هؤلاء من أبناء المنطقة.	% 65

9- عدم ثقة أولياء الأمور بالقائمين على العملية التعليمية في المدرسة.	% 60
10- اقتصار المدرسة على الاعتماد على الطلبة لنقل الدعوات لأولياء الأمور لزيارة المدرسة، وغالباً ما يعتمد الأبناء عدم ايصال الدعوات لأولياء أمورهم خوفاً من اطلاعهم على أوضاعهم الأكاديمية والسلوكية في المدرسة.	% 54

ـ الأسباب المتعلقة بالمدرسة والعاملين فيها:

الأسباب	النسبة المئوية لتكرارها
1- عدم توفر قاعات مناسبة في المدرسة لعقد اجتماعات مجالس الأباء والمعلمين.	% 83
2- انشغال المعلمين بأعبائهم الوظيفية، وغير الوظيفية وعدم توفر الوقت الكافي.	% 81
3- تذمر أولياء الأمور من الانتقادات التي توجه لهم من قبل القائمين على العمل في المدرسة وتخوف المعلمين من تدخل أولياء الأمور في القضايا المهنية التعليمية.	% 68
4- عزلة المدرسة وعدم تواصلها مع المجتمع المحلي، وعدم اشراك أولياء الأمور في رسم السياسات وأوجه النشاطات المختلفة في المدرسة، تخلق حواجز تحد من مشاركة الباء في مجالس أولياء الأمور والمعلمين.	%65

أما فيما يتعلق بالاقتراحات التي يمكن أن تؤدي إلى تنمية العلاقات بين المدرسة وأولياء الأمور وتفعيل دور المجتمع المحلي كمؤازرة للمدرسة في تنفيذ برامجها وسياستها وتحسين أدائها، فقد تم جمع إجابات المديرين والمديرات

وحساب تكرار الاقتراحات المتشابهة ومن ثم تحويلها إلى نسب مئوية، وقد تم رصد الاقتراحات التي كانت تكراراتها مرتفعة والتي جاءت على النحو التالي:

الاقتراحات	النسبة المئوية لتكرارها
1- نشر الوعي بين أولياء الأمور حول دورهم في العملية التعليمية، وإطلاعهم على التطورات والمستجدات، والتعليمات والأنظمة المدرسية، واستغلال أماكن العبادة والنوادي والجمعيات المحلية المختلفة، وكذلك وسائل الإعلام المختلفة في إبراز أهمية التعاون بين المدرسة وأولياء الأمور.	% 85
2- دعوة أولياء الأمور لحضور المسابقات الطلابية وتنظيم احتفالات لتكريم المتفوقين، وتقديم الجوائز المعنوية لأولياء الأمور الذين يظهرون تعاوناً متميزاً مع المدرسة.	% 85
3- إعداد تقارير ونشرات دورية عن نشاطات المدرسة والمشاكل التي تواجهها وأحوال الطلبة الأكاديمية والسلوكية أول بأول، وتوزيع هذه التقارير والنشرات على أولياء الأمور.	% 82
4- حث الطلاب على تشجيع آبائهم لزيارة المدرسة.	% 81
5- تشكيل لجان مدرسية لزيارة أولياء الأمور في منازلهم والوقوف على أحوالهم المعيشية وإطلاعهم على أحوال أبنائهم في المدرسة وحثهم على المساهمة في حل مشاكل أبنائهم.	% 76
6- إقامة لجان داعمة لعمل المدرسة: مثل لجنة أصدقاء المدرسة، لجان الأحياء المختلفة كصلة	% 75

وصل بين المدرسة والمجتمع المحلي، لجان الخدمة العامة من أولياء الأمور والمدرسة.	
7- دعوة أولياء الأمور للمشاركة في تخطيط أوجه النشاطات التي تقيمها المدرسة وتكليف أولياء الأمور، كل في مجال اختصاصه، للمشاركة في تنفيذ أوجه النشاطات في المدرسة، كإلقاء المحاضرات أو القيام بتدريب الطلبة على مهارات معينة، أو المشاركة بحل المشكلات التي تواجه المدرسة وإشعارهم بأهمية دورهم ومسؤولياتهم في ذلك.	% 70
8- وضع مرافق المدرسة: الساحات، البناء، والمكتبة وغيرها في خدمة المجتمع المحلي لإقامة الاحتفالات في المناسبات العامة، وعقد الاجتماعات والندوات وإقامة المعارض، وعرض أفلام سينمائية تثقيفية تتناول المجالات المختلفة من حياة أبناء المجتمع الصحية، والزراعية، والتربوية...وغيرها.	% 65
9- استغلال البناء المدرسي لإقامة أيام للخدمة الاجتماعية كيوم العلاج المجاني، وعقد دورات قصيرة مجانية لأبناء المجتمع لتدريبهم على أمور ذات صلة بحياتهم اليومية، ودورات لمحو الأمية.	% 64
10- مبادرة القائمين على العمل في المدرسة إلى نبذ الخلافات والتعامل مع الأمور بموضوعية عندما تتعلق هذه الأمور بمصلحة المدرسة وطلابها.	%62

إن المراقب لحدود العلاقة القائمة بين المدرسة والمجتمع يمكن أن يلاحظ أن هذه العلاقة لا تزال في حدود الدعوات التي توجهها إدارات المدارس لأولياء الأمور وتدعوهم فيها لحضور مجالس الآباء والأمهات والمعلمين كإجراء روتيني في بداية العام الدراسي، والتي غالبا ما تلبيها فئة قليلة محددة من الآباء الذين يتكرر حضورهم سنة بعد أخرى ما دام أبناؤهم ملتحقين بالمدرسة، ولم تحاول إدارت المدارس أن تتقصى الأسباب وراء إحجام غالبية الأهالي عن الحضور وبأعداد معقولة لمثل هذه الاجتماعات والمشاركة بفاعلية فيها.

إن عدم وعي أولياء الأمور بأهمية دورهم ربما يعود إلى بعدهم عن الجو المدرسي، ومواكبتهم للتطورات والتجديدات في العملية التربوية، والذي يكرس لديهم بحكم العادة التي ورثوها واعتادوا عليها، سلوكا مستحكما يقتضي تعديله، وذلك بمبادرة القائمين على العمل في المؤسسات التعليمية بكسر حاجز العزلة القائم بين البيت والمدرسة، وخلق الأجواء والظروف التي تشد الأهالي وتدفعهم إلى ولوج مدارس أبنائهم كسلوك مبدئي، وتعزيز هذا السلوك للإبقاء عليه وتنميته، ومن ثم إشراكهم في تحمل المسؤولية إلى جانب المدرسة في رعاية وتربية أبنائهم.

إن مبادرة القائمين على العمل في المدرسة إلى التواصل مع أولياء الأمور وإشراكهم والتنسيق معهم فيما يتعلق برسم السياسة التربوية للمدرسة وحل المشكلات التي تواجهها كمعالجة حالات التأخر الدراسي، والتسرب وإطلاعهم على كل ما يستجد من أنظمة وتعليمات وتجديدات في النظام التربوي ضمن مفهوم "المدرسة كوحدة للتطوير التربوي" من جهة، ووقوف المدرسة بالمقابل على مشكلات المجتمع وحاجاته من جهة أخرى، وفتح أبواب المدرسة لخدمة المجتمع، وتسخير إمكاناتها المادية والبشرية بعقد الندوات واستغلال المناسبات لإقامة النشاطات، وتحديد أيام خاصة لتقديم خدمات اجتماعية متنوعة في مرافق المدرسة، ضمن مفهوم "مدرسة المجتمع" الذي يعتمد النظام المفتوح للتعايش مع المجتمع باعتبار المدرسة في ظل النظام تستمد حياتها من انفتاحها على المجتمع، وتحسسها لمشكلاته ومحاولتها لحلها منهية مرحلة الانغلاق عن

المجتمع ومحققة شعار التفاعل البناء وتبادل المنافع معه. إن مثل هذه الممارسات إذا ما أخذ بها ربما تؤدي إلى تحسين مستوى العلاقة بين المدرسة والمجتمع ورفعها إلى سوية العلاقة القائمة على التعاون والمنفعة المتبادلة .

بعض مديري ومديرات المدارس الذين كانت تقديراتهم لدرجة العلاقة بين المدرسة والمجتمع عالية بشكل ملحوظ وصل بعضها ما بين (١٦٠ - ١٤٠) درجة على مقياس الاستبانة، أفادوا بأنهم لمسوا تحسنا ملحوظا في علاقتهم بالمجتمع المحلي نتيجة بعض الممارسات التي قامت بها المدرسة كعقد الندوات الإرشادية في المجالات الزراعية والصحية، وإقامة أيام في السنة لتقديم الخدمة الطبية المجانية للأهالي، إن مثل هذه الشواهد ربما تؤدي ما تمت الإشارة إليه بخصوص تنمية مفهوم "المدرسة كوحدة التطوير التربوي" ومفهوم "مدرسة المجتمع."

ولكي لا يبقى هذان المفهومان شعارات بدون محتوى فإن على إدارت المدارس أن تبادر إلى ترجمة ذلك عمليا عن طريق إقامة المجالس المدرسية، فالمدرسة الفاعلة تستطيع أن تحقق القدر الكافي من إشراك المجتمع وتفاعله عن طريق المجالس المتعددة ذات الوظائف المحددة، كمجلس التطوير التربوي في المدرسة الذي يمكن أن يضم ذوي الخبرات المتميزة في المجالات التعليمية من مجتمع المدرسة المحلي القادر على دراسة وتشخيص مشكلات المدرسة الأكاديمية وحلها بالطرق العلمية، ومجلس أصدقاء المدرسة الداعم لمشاريع وبرامج المدرسة التطويرية بتوليد وتنمية الاحساس لديهم بأن المدرسة لهم ولأبنائهم، تعيش واقعهم وتعمل لخدمتهم، ويمكن أن يضم هذا المجلس عددا من العاملين في القطاعات المختلفة القادرة على دعم مشاريع المدرسة المعتمدة. أما مجالس الآباء والمعلمين، فيمكن تفعيل دورها عن طريق توضيح أهدافها لمجتمع المدرسة المحلي، والعمل على إقناع الآباء بأهمية متابعتهم لأبنائهم ووضع الخطط الإجرائية للاستقطاب التدريجي للآباء بأهمية وزيارة المعلمين ومدير المدرسة لهم في مواقعهم (طراونة، وسواقد، ١٩٩٦).

مراجع الفصل الثاني عشر

- أحمد كمال، عدلي سليمان. (١٩٧٢). المدرسة والمجتمع، الطبعة الأولى. مكتبة الأنجلو المصرية، القاهرة.
- اخليف الطراونة. ساري سواقد. (١٩٩٦) العلاقة بين المدرسة والمجتمع المحلي. مجلة أبحاث اليرموك، جامعة اليرموك، الأردن.
- ادوارد أولسن. ترجمة أحمد زكي، محمد الشبيتي. المدرسة والمجتمع. مؤسسة المطبوعات الحديثة، القاهرة.
- ايفا جرانت، ترجمة محمد نسيم رأفت. (١٩٦٣). تعاون الآباء والمدرسين القاهرة: النهضة المصرية.
- تيسير الدويك وآخرون. (١٩٨٧). أسس الإدارة التربوية والإشراف التربوي. دار الفكر للنشر والتوزيع، عمان.
- حمزة منصور. (١٩٨٣). مشكلة التسرب في المرحلة الإلزامية، تقرير غير منشور دائرة التربية والتعليم لمحافظة العاصمة.
- خيري عبد اللطيف، زهير زكريا. (١٩٨٣). صعوبات التعلم والتأخر الدراسي. وزارة التربية والتعليم، الحلقة الدراسية الثانوية للإرشاد النفسي والمهني المنعقدة في الأردن.
- رداح الخطيب وآخرون. (١٩٨٤). الإدارة والإشراف التربوي (اتجاهات حديثة). دار الندوة للنشر والتوزيع، عمان.
- رضوان أبو الفتوح ورفاقه. (١٩٧٠) المدرس في المدرسة والمجتمع القاهرة، مكتبة الانجلو المصرية.
- عائشة حجازي . (١٩٧٥). مجالس الآباء والمعلمين والمدرسين في الأردن رسالة ماجستير غير منشورة، عمان: الجامعة الأردنية، كلية التربية.

-عبد الرحيم ملحم. (١٩٨٦). "التفاعل بين البيت والمدرسة.. أهميته، أسباب ضعفه وأساليب مقترحة لتدعيمه. رسالة المعلم، عدد ٣.

-عمر الطويبي. (١٩٨١). اعتبارات المشكلات السلوكية داخل الصف وسبل مواجهتها. التربية، العد ١٣، ص ٢٠ - ١١.

-ك. ويدل. (١٩٨٢). التعرف على الطلبة الذين يواجهون صعوبات في التعلم في المرحلة الإلزامية في المدارس الأردنية.

-كاترين ديفلين، ترجمة محمد عبد الهادي عفيفي. (١٩٦٤). اجتماعات الآباء والمدرسين القاهرة، النهضة المصرية.

-ليلى محمد سقا الله. (أيلول ١٩٩١). اتجاهات حديثة في التربية المدرسية والمجتمع. رسالة المعلم عدد ٣، مجلد ٣١، ص ٤٧ - ٣٧.

-مجموعة القوانين والأنظمة الصادرة عن قسم التوثيق بوزارة التربية والتعليم. (١٩٨٣). عمان، الأردن.

-محمد أحمد عبد الهادي. (١٩٨٤). الإدارة المدرسية في المجال التطبيق الميداني دار البيان العربي، جدة.

-محمد عياصرة ، محمود مساد. (١٩٩٥). المدرسة وحدة أساسية للتطوير التربوي والاجتماعي. رسالة المعلم، العدد الثاني، المجلد ٣٥.

الفصل
الثالث عشر

الأسرة

مقدمة:

إن الأسرة هي اللبنة الأساسية والركيزة المهمة في حياة الطفل، كما أنها تعتبر أهم المؤسسات الاجتماعية التي أقامها الإنسان لاستمرار حياته في الجماعة وتنظيمها والأسرة كوحدة اقتصادية واجتماعية تقوم بتدريب أبنائها وتعليمهم عن طريق التقليد والمشاركة في أعمال الكبار داخل المنزل وخارجه.

سر العلاقة الوثيقة والمتبادلة بين الأسرة والمؤسسات الاجتماعية:

يكمن سر العلاقة في الأمور التالية:

أ- إن الأسرة حساسة جدا لما يصيب المجتمع في نظمه وقيمه من تغير وتحويل.

ب- المجتمع بدوره يتأثر بما يقع في الأنماط الأسرية من تغيير.

أي بمعنى أن السر يكمن في أن الأسرة تؤثر وتتأثر بالمجتمع.

وظائف الأسرة:

1- تزويد المجتمع بأعضائه الصغار يعتبر الوظيفة التقليدية الأولى للأسرة.

2- تهيئة فرص الحياة لهؤلاء الصغار، وإعدادهم للمشاركة في المجتمع.

3- تزويدهم بوسائل وأساليب تكيفهم مع المجتمع.

قديما كانت الأسرة تقوم بعملية التربية لأطفالها من خلال اكسابهم المهارات والعادات والقيم الشائعة في حياة الجماعة، ولكن بعد أن اخترع الإنسان الكتابة أثر ذلك على دور الأسرة في هذا المجال ودخلت وسائط تربوية أخرى لتشارك الأسرة هذا الدور التعليمي والذي كان حكرا عليها لعقود من الزمن، ومن الوسائط التربوية التي شاركت وتشارك الأسرة الوسائط الإعلامية المرئية والمسموعة والمقروءة، وكذلك الحال بالنسبة للمسجد والكنيسة (دور العبادة) وكافة المؤسسات الترفيهية كالأندية والجمعيات وغيرها.

دور الأسرة في العملية التربوية:

كوعاء تربوي شامل، فإن الأسرة تمارس عملياتها التربوية الهادفة لتحقيق نمو الفرد والمجتمع وعلى النحو التالي:

1 -الأسرة هي الجماعة الأولى في حياة الفرد:

يكتسب الفرد في الأسرة أول عضوية له في جماعة أو يمتد هذا النمط معه إلى سائر العضويات الاجتماعية الأخرى في حياته، ويمكن فهم هذه الأهمية من خلال:

أ- التنشئة الاجتماعية المبكرة: في هذه المرحلة، وداخل نطاق الأسرة، تتطور شخصية الطفل للحكم على الأشياء وإشباع الحاجات، ومن خلال رغبته في الاتصال لإشباع حاجاته الجسمية والنفسية والعقلية بتفاعل الطفل مع أعضاء جماعته الأولى، وعن طريق الأسرة يكتسب الطفل اللغة والعادات والاتجاهات والتوقعات وطريقة الحكم على الصحيح والخطأ فالأسرة توفر الخبرات بشكل مباشر أو غير مباشر لأطفالها داخل البيت وخارجه، وهذه التربية تبدأ مباشرة بعد الولادة وداخل الأسرة وتمتد لتشمل دوائر أخرى كالجيران والأصدقاء والمجتمع المحلي.

ب- إطار العلاقات الأسرية: إن التفاعل القائم بين أفراد (الأسرة/مجتمع الأسرة) يؤثر بدوره تأثيرا كبيرا ومهما في تنشئة الفرد وتشكيل شخصيته. ويتشكل إطار العلاقات الاجتماعية على أساس التركيب والتنظيم الاجتماعي للأسرة، وأعمار أفرادها، ومراكزهم وأدوارهم، فإذا ما أحسن تنظيم هذه العلاقات فإنها تساعد الطفل على ما يلي:

1 -تحقيق مبدأ اللذة وتجنب الألم وذلك من خلال ما ورثه من مزايا كثيرة عن الأسرة كالاستقرار النفسي والحماية، وهذه المرحلة تبدأ من مرحلة تقبل الشعور من الوصول إلى مرحلة تعديل السلوك وكل ما يرافق ذلك من عمليات.

2- الحد من أنانية الطفل وذلك من خلال الضغط عليه للتنازل عن بعض مطالبه.

والطفل بين هذا وذاك تتجاذبه أنواع العلاقات وتؤثر فيه إما إيجابيا أو سلبيا ومن الأمثلة على ذلك:

-علاقة أساسها النفور وسوء التفاهم يتأثر الطفل بها تأثرا سلبيا مما قد يؤثر في وضعه النفسي.

-علاقة أساسها المحبة والتفاهم والمودة بين أفراد الأسرة فإنها تؤثر بالطفل إيجابيا.

-علاقة أساسها الغيرة والخصام والتناحر بين الأخوة بسبب التباين في الجنس أو في السن فإنه أيضا يكون لها الأثر السلبي.

وبالخلاصة فإن كل هذه الأنماط تؤثر في أساليب الاتصال بين أفراد الأسرة.

ج- أثر النظام الثقافي الشامل للأسرة في تربية الطفل: يعكس إطار العلاقات الأسرية النظام الثقافي الشامل للأسرة بأوضاعه الاقتصادية والاجتماعية والدينية والترويجية للأسرة، وبالتالي ينعكس أثرها على تربية الطفل.

-اقتصاديا: فإن الأسر الغنية تستطيع توفير جميع المتطلبات لأفرادها بما في ذلك المتعة العلمية التكنولوجية وذلك من خلال توفير الأجهزة والألعاب المختلفة وبالتالي فإن ذلك قد يكون له أثر إيجابي على تنمية الروح الإبداعية عند الأطفال، أما الأسرة الفقيرة فأحيانا تكون فيها الحياة قاسية مع إحساس الأطفال فيها بالحرمان، فالهم الأكبر للأسرة هو تأمين متطلبات العيش الأساسية. إن هذا الوضع من الممكن أن يترتب عليه أنواع من الحقد والكراهية والعزلة الاجتماعية .

-ثقافيا: يتأثر الأطفال بمستوى التفكير وطرائقه الشائعة بين الأسرة سواء من حيث الميل للقراءة، مشاهدة السينما، الأفلام، والتلفزيون، قراءة الصحف، المجلات... وغيرها وبالتالي يتقمص الأطفال هذه الطرائق ويقلدوها مما ينمي لديهم اتجاهات إيجابية نحو القراءة والمطالعة... وغيرها.

-الوضع الاجتماعي للأسرة، يؤثر الوضع الاجتماعي في تنشئة الطفل وتكوين شخصيته مثال الطفل البكري، الطفل الأخير (آخر العنقود) الطفل الوحيد الذكر أو الأنثى.

-الوضع الديني، يؤثر تمسك الأسرة بالعشائر الدينية والحديث عنها في خلق نوع من الألفة والمحبة لمعتقد الأسرة، وبالتالي تهذيب الروح العقائدية والخلقية عن أفراد الأسرة.

-2دور الأسرة في المشاكل التربوية:

يتضح دور الأسرة بشكل ملموس وواضح في مواجهتها لبعض المشاكل التربوية في مرحلة الطفولة وفي جهودها لمعالجتها، وتتمثل هذه المشاكل فيما يلي:

أ- مطالب الطفولة: على الأسرة أن توفر للطفل نموا سليما متزنا دون اضطراب أو شذوذ، لذا على الآباء عدم استعجال نمو أطفالهم بل إتاحة الفرصة لهم للنمو التدريجي إذ إن لكل مرحلة من مراحل الطفولة أعراضا جسمية وخصائص نفسية وعقلية تنعكس جميعا في سلوك الطفل وتفاعله مع أفراد الأسرة.

-مرحلة الطفولة المبكرة مثلا يصاحبها عادة حب الذات والأنانية ولذة التملك.

-مرحلة الاختلاط بأبناء الجيرة في جماعة اللعب.

-مرحلة المراهقة والتي يعتز بها الفرد بنفسه وبآرائه ويجاهد من أجل الانخراط في مجتمع الكبار الناجحين.

ب- الاعتماد على النفس: إن تربية الطفل وإعداده لحياة تتطلب منه الجهد والمنافسة الشريفة وهي عملية واجبة على الآباء والأمهات، لذا يجب عدم التمادي في تدليل الطفل ووضعه في مواقف تستلزم منه بذل الجهد، كما وعلى الأسرة أن تنمي عنده القدرة على المبادرة في عمل الاتصالات وإبداء الآراء وحسم الأمور دون تردد.

مثال: يمكن البدء في ذلك من خلال الطلب من الطفل بأن يرتب سريره في الصباح بنفسه.

ج- المساواة في معاملة الأفراد: على الأسرة أن تبصر الفروق الفردية بين الأخوة من حيث القدرات والاستعدادات العقلية والبدنية والنفسية إذا ما أرادت أن تحدث نموا تربويا سليما، كما ويجب أن لا تقوم الأسرة بتذكير الأطفال باستمرار بمساوئهم اعتقادا بأن ذلك يدفعهم إلى بذل الجهد وتجنب الخطيئة، لأن ذلك قد يجسد خطأ الطفل في نفسه وينمي فيه الشعور بالذنب، ويترتب على ذلك وجود كثير من الاضطرابات النفسية.

الهروب من المدرسة :

وهذه مشكلة تربوية كبيرة أمام الأسرة وتعود لعدة أسباب منها ما يلي:

1 -العوامل التي تتصل بالمنزل والتي تتمثل في عدم تهيئة البيت لجو الاستذكار والاطلاع.. البنت تساعد أمها في أعمال البيت، والولد يساعد أبيه...

2 -عوامل تتصل بالبيئات الاجتماعية التي يحتك بها الطفل خارج المنزل مثل صحبة السوء والتي قد تصل إلى تعاطي المخدرات والمشروبات الروحية والتدخين وغيرها.

3 -عوامل تتعلق بالبيئة المدرسية مثل النظام المدرسي وأثره على الطفل، لهذا فإن دور الآباء يتمثل في الكشف عن هذه العوامل ووضع العلاج المناسب كما ويمكنهم الاستعانة بالأجهزة الفنية المختلفة لمعالجة المشكلة.

4 -تحكم الآباء في مصير الأبناء، مثال: التحكم في اختيار نوع الدراسة والعمل الذي يشغله الأبناء بعد تخرجهم.

الأسرة والتغير الاجتماعي:

فإن التغير الاجتماعي والثقافي يؤثر في نمط الحياة الأسرية وفي قدرتها على أداء وظيفتها، وهذا يظهر بوضوح من خلال ما يلي:

أ- أثر التغير في التماسك الأسري :

أحدث التغير الاجتماعي والاقتصادي والعلمي آثارا كبيرة في التماسك الأسري وفي الحياة الأسرية ويمكن إدراج ذلك من خلال الأمور التالية:

1 -أحدث التغير الاقتصادي والصناعي الناتج عن التقدم التكنولوجي هزه كبيرة في كيان الأسرة وتماسكها، فبعد أن كانت الأسرة تعمل كوحدة اقتصادية واحدة، أصبح الأب يذهب إلى العمل في المصنع والأم تعمل في البيت أو في عمل آخر والأطفال في المدرسة.

فخروج الرجل والمرأة إلى العمل قلل من الرباط الاجتماعي والنفسي الذي يربط أفراد الأسرة جميعا والذي كان يدعوهم دائما إلى وضع مصلحة الأسرة فوق كل اعتبار، أما من حيث وظيفة الأسرة نفسها فقد طرأ عليها هي الأخرى التغيير، فأصبحت الوظيفة وكأنها تقتصر على إنجاب الأطفال... وبعض الآباء يذهب إلى الاعتقاد بأن الوظيفة الوحيدة للأسرة هي أن يمد الآباء الأسرة بالمال اللازم متناسين ومتجاهلين أن الحنان والعطف والأمن والطمأنينة اللازمة لنمو الطفل النفسي المتكامل، يجب أن يجدها الطفل أولا وقبل كل شيء في الأسرة. ومعنى هذا كله أن الأسرة فقدت الكثير من وظائفها وتفككت وأصبحت تلقي بالعبء بعد ذلك على المدرسة.

2 -أدى انتشار التصنيع واتساع نطاق التعليم إلى انتشار المدنية وارتفاع مستوى المعيشة وزيادة الضغوط الاقتصادية التي تتمثل في كثرة الإنفاق.

3 -كذلك نتج عن التقدم العلمي والتكنولوجي تغيير في أوضاع الحياة الاجتماعية انعكس في زيادة سبل الاتصال والانتقال.

4 -قل عدد أفراد الأسرة وظهرت الحاجة إلى تحديد النسل كاتجاه اجتماعي واقتصادي.

ب- أثر التغير في وظيفة الأسرة:

كانت الأسرة تقوم بالإنجاب وتربية الأطفال للاشتراك في حياة المجتمع والعمل على استمراره وتقدمه. فانتشار التصنيع (المصانع) والمدارس والمساجد والأندية وغيرها من الوسائط التربوية قد أخذ الكثير من الاختصاصات الأسرية وقامت بها بالنيابة عن الأسر.

بالرغم من ذلك ما زالت الأسرة، وبحكم طبيعتها، تلعب الدور الأساسي في تربية الطفل، لذلك فإن تحسين ثقافة الأسرة وتطويرها بجوانبها المادية والمعنوية أمر لازم لتحسين تربية الطفل.

والتربية الحديثة تهتم بتربية الأم وإعدادها إعدادا صحيحا لتكون على علم باحتياجات الأطفال: فالمرأة بتعليمها تكون أكثر قدرة على تخطيط حياة المنزل وإدارة شؤونه بطريقة اقتصادية واجتماعية وثقافية أفضل.

أثر الاتصال والانقطاع بين المنزل والمدرسة:

الاتصال والانفصال بين الأسرة والمدرسة يظهر في نواح متعددة نذكر منها ما يلي:

1 -التشجيع الأبوي وطموحات الطفل: إن تشجيع الأبوين لابنهما على مواصلة نموه التربوي والمهني له تأثير في رفع مستوى طموحاته التربوية والمهنية إلى الحد الذي يتناسب مع مستوى ذكائه.

2 -البيئة المنزلية والتحصيل الدراسي: أظهرت الدراسات بوضوح أن للمنزل الأثر الأعظم في تحصيل اللغة وأقل الأثر في المهارات التي تعلم في المدرسة بشكل رئيسي .

3 -الأسرة وسلوك الطفل في غرفة الصف: إن سلوك الطفل في غرفة الصف هو نتاج كثير من العوامل المؤثرة في الطفل سواء أكان ذلك في

داخل المدرسة أو في خارجها، فيكون سلوك الطفل في غرفة الصف مقبولا عندما تشترك المدرسة والمنزل في تبني أفكار متشابهة خاصة بتربية الطفل وتوجيه سلوكه.

- نعني بالاتصال - كما سبق توضيحه - مساهمة المنزل والمدرسة في بناء قيم واحدة عند الطفل واكسابه طموحات واحدة.

- أما الانفصال، فهو الحال التي تعمل فيها المدرسة على اكساب الطفل قيما تخالف التي يعمل المنزل على اكسابها له.

المدرسة وحياة الطفل:

يرى جون ديوي بأنه لابد من ربط المدرسة بالحياة وجعلها على أتم اتصال بها، إذ إن النظرة الحديثة إلى التربية هي أنها لا تتم في المدرسة وحدها بل في المنزل والملعب والسينما وفي ميدان العمل.

الطرائق التعليمية الحديثة التي نادى بها جون ديوي:

1 - دراسة الطفل وميوله ورغباته وجعل ذلك أساسا في التعليم.

2 - التوجيه غير المباشر وغير الشخصي عن طريق الوسط الاجتماعي.

3 - التفكير والتحليل.

4 - فهم معنى الأشياء في حياة الطفل دون الانهماك في الفعاليات العقلية والتسميعات الحسية.

يرى جون ديوي بأن عملية التربية والتعليم ليست عملية إعداد للمستقبل بل إنها عملية حياة. إن التلاميذ كثيرا ما يسألون معلميهم: ما الفائدة من دراسة هذا الموضوع أو ذاك المنهج؟ فيجيبهم معلموهم؛ إن فائدة هذا الموضوع أنه يعدكم أو يهيئكم لكي تصبحوا كذا أو كذا، فهذه الإجابات والمواضيع تجعل الطفل يقع خارج مركز الجاذبية.

إن هذا الرأي (الطفل خارج مركز الجاذبية) هو الذي دعا جون ديوي إلى الاهتمام بحاضر المتعلم واعتبار ذلك محققا لأهداف التربية الحاضرة

والمستقبلية معا، كما أن هذا الرأي هو الذي يفسر لنا اهتمام ديوي بمبدأ (اللذة (Interest واللعب في عملية التربية والتعليم . كما واهتم ديوي بالعمل كعلمية تربوية، ودعا إلى ضرورة العناية بالأعمال اليدوية والمهنية في المنهج المدرسي وعدم الاقلال من شأنها، كما دعا إلى مبدأ الفعالية /النشاط (Activity) في الحصول على الخبرة والتعليم، وهذه المواضيع جميعها أيضا تجعل الطفل يقع في خارج مركز الجاذبية إذا لم نراعيها.

كيف يمكن أن يشحذ ولع الطفل ويستغل تربويا لفهم المبادئ المتضمنة في ذلك الولع؟ يمكن أن تتم عملية الشحذ من خلال:

1 -العمل التجريبي.

2 -استعمال القلم والورق.

3 -لفت الانتباه إلى ما يصنع وإلى ما يحتاج صنعه بالنقد والأسئلة.

يقول جون ديوي "إن كل ما تراه عندنا مصنوع للإصغاء."

مثال: سلق البيض:

إذا قام الطفل بسلق البيض وذلك بوضعه لمدة ٥ - ٣ دقائق في ماء مغلي، فإن هذه ليست عملية تربوية إلا إذا حقق دافعه الخاص بمعرفة الحقائق والمواد والظروف المحيطة بعملية سلق البيض. مثال: ما هي مكونات القشرة وكم السعرات الحرارية في البيض، وغير ذلك من أمور.

المدرسة والتقدم الاجتماعي:

يقول جون ديوي، يجب أن نفهم أعمال الخشب والمعدن والحياكة والخياطة والطبخ على أنها من طرق المعيشة والتعلم، ويجب أن ندركها ضمن أهميتها الاجتماعية بصفتها نوعا من العمليات التي يستطيع بها المجتمع أن يسير نفسه...باختصار بصفتها وسائل تجعل المدرسة صورة أصلية لحياة المجتمع الفعال بدل من أن تكون المدرسة مكانا منعزلا يجري فيه تعليم الدروس.

فإذا يجب أن لا تكون النظرة إلى المدرسة محصورة فقط بالعلاقة بين المعلم والطالب، لأن كل ما أنجزه المجتمع -وبرعاية المدرسة- يعتبر رصيدا لأعضائه في المستقبل .

فلا يمكن للمجتمع أن يكون صادقا مع نفسه بأية صورة من الصور إلا إذا كان صادقا في تيسيره على النحو التام لجميع الأفراد الذين يؤلفون ذلك المجتمع، وليس في هذا التوجه الذاتي شيء يعتبر مهما كالمدرسة، وفي ذلك قال هوارس مان (Horace Mann): أو حيثما ينمو شيء ما فإن مؤسسا أو منشئا واحدا يعادل ألف مصلح أو مجدد.

إن السبب الرئيسي الذي لا تستطيع به المدارس في الوقت الحاضر أن تنظم نفسها لتصبح وحدة اجتماعية طبيعية، هو فقدان عنصر الفعالية الانتاجية العامة، ففي ألعاب التسلية والرياضة يحصل التنظيم الاجتماعي فوق أرض الملعب بصورة تلقائية وحتمية، لأنه يوجد شيء ما ليعمل، وفعالية ما لتنفذ، وكلاهما يتطلبان تقسيمات عمل طبيعية واختيار قادة وأتباع في تعاون ومنافسة متبادلين، وفي الصفوف يكون وجود الدافع وتماسك التنظيم الاجتماعي ناقصين تعين كذلك. أما الجانب الخلقي فضعف المدارس فيه، هو ضعف مخزن متأت من أنها تحاول أن تعد أعضاء النظام الاجتماعي المقبل في وسط تنقصه الروح الاجتماعية إلى درجة كبيرة.

فالشيء المهم هنا والذي يجب أن نحتفظ به في ذهننا في ما يخص إدخال أنواع متعددة من المهن الفعالة إلى المدارس هو أنه بواسطة هذه المهن قد تتجد روح المدرسة بكاملها، وبالمهن التي حددها المحيط استطاع النوع الإنساني أن يصنع تقدمه التاريخي والسياسي، وبهذه المهن كذلك تطورت التفسيرات الانفعالية والذكائية التي تخص الطبيعة.

فالمهنة تجهز الطفل بدافع حقيقي وتعطيه خبرة مباشرة وتهيئ له الاتصال بالأمور الدافعية، ومع نمو عقل الطفل في القوة والمعرفة لا تصبح المهنة ملذة وحسب، بل تصبح أكثر فأكثر وسيلة أو أداة للفهم وعند ذلك تتغير هيئتها، ولهذه

الهيئة أو الحالة بدورها ارتباط بتقدم العلم، فليست المهن وحدها، أو ما يسمى بالعمل اليدوي أو الصناعي في المدارس، هي التي تعطي الفرصة لتقديم العلم الذي ينير تلك المهن ويجعل منها مادة مثقلة بالمعنى بدلا من أن تكون مجرد وسائل تستعمل فيها اليد والعين، ولكن بعد النظر العلمي الذي يحصل عليه يصبح أداة لا يمكن الاستغناء عنها في مشاركة حرة وفعالة في الحياة الاجتماعية الحديثة، والحقيقة هي أن التدريب اليدوي والفن والعلم معترض عليها جميعا إذا أصبحت للفن والعلم ذاته.

لذلك عند بحث حركة جديدة في التربية، فمن الضروري أن نأخذ وجهة نظر واسعة جدا، لأن التغيرات التي تحدث في طريقة التربية ومناهجها هي من نتاج الحالة الاجتماعية المتغيرة، وهذا عمليا ما يطلق عليه اصطلاح "التربية الحديثة ."

أهم أوجه الحركة الاجتماعية:

أ- التغير الصناعي: ونقصد بالتغير الصناعي تطبيق العلم الذي نتجت عنه الاختراعات العظيمة التي استغلت قوى الطبيعة على مدى واسع ورخيص الكلفة، ومما نتج عنها أيضا:

1 -أوجدت قضية الاهتمام الشخصي في مسألة المشاركة الفعلية.

2 -تركيز الصناعة وتقسيمات العمل قضت فعلا على الحرف البيتية والمحلية لأغراض تربوية على الأقل. فإذا التفتنا إلى المدارس وجدنا أن أحد الاتجاهات الواضحة في الوقت الحاضر، هو الاتجاه لتقديم ما يسمى بالتدريب اليدوي والعمل المهني التطبيقي والفنون المنزلية كالخياطة والطبخ.

3 -أبرزت الاهتمام بالنوع وليس بالكم، فروح الاتصال الحر وتبادل الآراء والاقتراحات ونتائج ما نجحنا أو خبنا فيه في خبرتنا السابقة، هي أبرز ما يلاحظ الافتقار إليه في التلقي أو إعادة المعلومات .

4 -لقد اخترعت الطباعة وجعلت تجارية، كما أن الحاجة دعت إلى ظهور تبادل الاتصال بالبريد والبرق بصورة سريعة ورخيصة ومثيرة، نتيجة لوجود وسائل الاتصال والانتقال واللاسلكي، ونتج عن ذلك كله ثورة عقلية، فأخذ التعلم في الانتشار.

ب- في مجال الحياة العقلية المحضة (حياة التعلم والعلمية): نالت هي الأخرى تغيرا شديدا في قيمتها، فأصبح اصطلاح أكاديمي ومدرسي بمثابة مسبة/أو لعنة بعد أن كان عنوان شرف، وهذا كله يعني تغيرا ضروريا في موقف المدرس وطرق التدريس ، وإلى حد بعيد المناهج، إلى أن أصبحت وكأنها المدخل الوحيد للثقافة.

ج- التغير في جو المدرسة الخلقي: أي في علاقة الطلبة بالمعلمين، أو ما يمكن أن يسمى الناحية التهذيبية.

مما سبق نرى بأن جميع هذه العوامل يجب أن تنظم وأن تمتلك مدارسنا ما فيها من أفكار ومثل بصورة كاملة وبدون مساومة، ولكن لتنفيذ هذا يلزم أن نجعل في كل مدرسة من مدارسنا حياة اجتماعية مصغرة أو حياة اجتماعية تكون فعالة بأنواع مهنها التي تعكس حياة مجتمع أكبر، وتتقدم بروح من الفن والتاريخ والعلم، فعندما تقدم المدرسة كل طفل إلى عضوية المجتمع، وتدربه داخل مجتمع صغير من هذا النوع، وتجعله يتشرب روح الخدمة، وتجهزه بأدوات التوجيه الذاتي الفعال، يكون لنا حينذاك أعمق وأحسن ضمان لمجتمع أكبر ذي قيمة وحسن وانسجام.

مراجع الفصل الثالث عشر

-أحمد أبو هلال وآخرون. (١٩٩٣). المرجع في مبادئ التربية. دار الشروق للنشر والتوزيع، عمان.
-جون ديوي، ترجمة أحمد حسن عبد الرحيم. (بلا). المدرسة والمجتمع. المكتب العالمي للطباعة والنشر، لبنان.
-الرابطة الوطنية وتعليم الأطفال. (١٩٩٣). مؤتمر نمو استراتيجية وطنية لثقافة طفل ما قبل المدرسة في الأردن. يونيسف، منظمة الأمم المتحدة للطفولة.
-عبد الفتاح أبو معال. (٢٠٠١). أدب الأطفال.. دراسة وتطبيق. دار الشروق، عمان.
-مجد الدين خيري. (١٩٨٥). والعلاقات الاجتماعية في بعض الأسر (النووية) الأردنية. الجامعة الأرنية، عمان.
-ياسين الغادي. (٢٠٠١). التعسف في استخدام السلطة على الأبناء. دار رند للنشر والتوزيع، عمان.

المراجع

-إبراهيم عصمت مطاوع. (١٩٩٥). أصول التربية. دار الفكر العربي، القاهرة، ط ٧ .

-إبراهيم ناصر. (١٩٨٩). أسس التربية. دار عمار للنشر والتوزيع، عمان.

-إبراهيم ناصر. (١٩٩٤). أسس التربية. دار عمار للنشر والتوزيع، عمان.

-إبراهيم ناصر. (١٩٨٣). التربية وثقافة المجتمع. دار الفرقان، عمان.

-إبراهيم ناصر. (١٩٩٢). علم الاجتماع التربوي. دار الجيل، بيروت.

-إبراهيم ناصر. (١٩٩٠). مقدمة في التربية. دار عمار للنشر والتوزيع، عمان .

-إبراهيم ناصر. (١٩٩٠). مقدمة في التربية. دار عمار للنشر والتوزيع، عمان، ط ٧ .

-أحمد أبو هلال وآخرون. (١٩٩٣). المرجع في مبادئ التربية. دار الشروق للنشر والتوزيع، عمان.

-أحمد زكي صالح. (١٩٧١). نظريات التعلم. مكتب النهضة المصرية، القاهرة.

-أحمد عبد الباقي، حسن جميل طه. (١٩٨٣). مدخل إلى الإدارة التربوية. دار القلم، الكويت.

-أحمد كمال، عدلي سليمان. (١٩٧٢). المدرسة والمجتمع. الطبعة الأولى، مكتبة الأنجلو المصرية، القاهرة.

-اخليف الطراونة. (٢٠٠٢). محاضرات عن التخطيط والإدارة والتربية. ندوة كبار مخططي التربية في الوطن العربي، عمان.

-اخليف الطراونة. (٢٠٠٢ - ٢٠٠٠). محاضرات في جامعة مؤتة حول المدرسة والمجتمع.

-اخليف الطراونة. (٢٠٠٢-٢٠٠٠). محاضرات مبادئ التربية لطلبة البكالوريوس في جامعة مؤتة.

-اخليف الطراونة، ساري سواقد. (١٩٩٦). العلاقة بين المدرسة والمجتمع المحلي. مجلة أبحاث اليرموك، جامعة اليرموك، الأردن.

227

-ادوارد أولسن. ترجمة أحمد زكي، محمد الشبيتي. المدرسة والمجتمع. مؤسسة المطبوعات الحديثة، القاهرة.

-أنور الشرقاوي. (١٩٨٧). التعلم .. نظريات وتطبيقات. دار البحوث العلمية، الكويت.

-ايفا جرانت، ترجمة محمد نسيم رأفت. (١٩٦٣). تعاون الآباء والمدرسين. القاهرة: النهضة المصرية.

-توفيق الطويل. (١٩ .58أسس الفلسفة. مكتبة النهضة، القاهرة، ط٣.

-تيسير الدويك وآخرون. (١٩٨٧). أسس الإدارة التربوية والإشراف التربوي. دار الفكر للنشر والتوزيع، عمان.

-جودت عبد الهادي. (٢٠٠٢). الإشراف التربوي .. مفاهيمه وأساليبه. الدار العلمية الدولية، عمان.

-جورج شهلا. (١٩٧٢). الوعي التربوي ومستقبل البلاد العربية. مكتبة رأس بيروت، بيروت.

-جورج شهلا، عبد السميع الحربلي. (١٩٧٣). الوعي التربوي ومستقبل البلاد العربية. مكتبة رأس بيروت، بيروت .

-جورج شهلا، عبد السميع الحربلي. (١٩٧٢). الوعي التربوي ومستقبل البلاد العربية. مكتبة رأس بيروت، بيروت .

-جون ديوي، ترجمة أحمد حسن عبد الرحيم. (بلا). المدرسة والمجتمع. المكتب العالمي للطباعة والنشر، لبنان.

-حامد زهران. (١٩٧٧). علم النفس الاجتماعي. عالم الكتب، القاهرة، ط٧.

-حسن الحياري. (١٩٩٣). أصول التربية في ضوء المدارس الفكرية. دار الأمل، اربد.

-حسن عمر منسي. (١٩٩٦). إدارة الصفوف. دار الكندي للنشر والتوزيع، إربد.

-حسين قوره. (١٩٨٢). الأصول التربوية في بناء المناهج. دار الفكر، عمان، ط٧.

-حمزة منصور. (١٩٨٣). مشكلة التسرب في المرحلة الإلزامية. تقرير غير منشور، دائرة التربية والتعليم لمحافظة العاصمة.

-خالد القضاه. (١٩٩٨). المدخل إلى التربية والتعليم. دار اليازوري العلمية للنشر والتوزيع، عمان .

-خيري عبد اللطيف، زهير زكريا. (١٩٨٣). صعوبات التعلم والتأخر الدراسي. وزارة التربية والتعليم، الحلقة الدراسية الثانوية للإرشاد النفسي والمهني المنعقدة في الأردن.

-الرابطة الوطنية لتربية وتعليم الأطفال. (١٩٩٣). مؤتمر نمو استراتيجية وطنية لثقافة طفل ما قبل المدرسة في الأردن. يونيسف، منظمة الأمم المتحدة للطفولة.

-راتب السعود. (٢٠٠٢). الإشراف التربوي.. اتجاهات حديثة. مركز طارق للخدمات الجامعية، عمان.

-رداح الخطيب وآخرون. (١٩٨٤). الإدارة والإشراف التربوي.. اتجاهات حديثة. دار الندوة للنشر والتوزيع، عمان.

-رضوان أبو الفتوح ورفاقه. (١٩٧٠). المدرس في المدرسة والمجتمع. القاهرة، مكتبة الانجلو المصرية.

-سعد خليل إسماعيل. (١٩٨٩). سياسات التعليم في المشرق العربي. منتدى الفكر العربي، عمان.

-سعيد أحمد حسن. (١٩٩٥). ثقافة الأطفال.. واقع وطموح. ومؤسسة المعارف، بيروت.

-سعيد الأسدي، مروان إبراهيم. (٢٠٠٣). الإشراف التربوي. الدار العلمية الدولية، عمان.

-سيد إبراهيم الجبار. (١٩٧٨). دراسات في التجديد التربوي. مكتبة غريب، القاهرة.

-صالح ذياب الهندي وزملاؤه. (١٩٩٠). أسس التربية. دار الفكر للنشر والتوزيع، عمان.

-عائشة حجازي . (١٩٧٥). مجالس الآباء والمعلمين والمدرسين في الأردن. رسالة ماجستير غير منشورة، عمان: الجامعة الأردنية، كلية التربية.

-عبد الرحمن عدس. (١٩، 98علم النفس التربوي. دار الفكر للطباعة والنشر، عمان.

-عبد الرحيم ملحم. (١٩٨٦). "التفاعل بين البيت والمدرسة .. أهميته، أسباب ضعفه، وأساليب مقترحة لتدعيمه. رسالة المعلم، عدد٣.

-عبد الفتاح أبو معال. (٢٠٠١). أدب الأطفال.. دراسة وتطبيق. دار الشروق للنشر والتوزيع، عمان.

-عبد القادر كراجه. (١٩٩٧). سيكولوجية التعلم. دار اليازوري العلمية، عمان.

-عبد الكريم شطناوي وآخرون. (١٩٩٢). أسس التربية. دار الصفاء، عمان.

-عبد الكريم شطناوي وآخرون. (١٩٩٢). أسس التربية. دار الصفاء. عمان، ط ٢ .

-عبد الله الرشدان. (١٩٨٧). المدخل إلى التربية. دار الفرقان، عمان .

-عبد الله الرشدان، نعيم جعنيني. (١٩٩٤). المدخل إلى التربية والتعليم. دار الشروق للنشر والتوزيع، عمان .

-عبد الله عبد الدايم. (١٩٨٤). التربية عبر العصور. دار العلم للملايين، بيروت.

-عبد الله عبد الدايم. (١٩٧٩). التربية في البلاد العربية. دار العلم للملايين، بيروت.

-عزت جرادات وآخرون. (١٩٨٣). مدخل إلى التربية. المكتبة التربوية المعاصرة، عمان، ط١.

-علي الشوبكي. (١٩٧٧). المدرسة والتربية وإدارة الصفوف. دار مكتبة الحياة، بيروت.

-عمر الطويبي. (١٩٨١). اعتبارات المشكلات السلوكية داخل الصف وسبل مواجهتها. التربية، العدد ١٣.

-فاخر عقل. (١٩٧٣). التربية.. قديمها وحديثها. دار العلم للملايين، بيروت.

-فاخر عاقل. (١٩٨٣). معالم التربية. دار العلم للملايين، بيروت، ط ٥ .

-ك. ويدل. (١٩٨٢). التعرف على الطلبة الذين يواجهون صعوبات في التعلم في المرحلة الإلزامية في المدارس الأردنية.

-كاترين ديفلين، ترجمة محمد عبد الهادي عفيفي. (١٩٦٤). اجتماعات الآباء والمدرسين. القاهرة، النهضة المصرية.

-لطفي بركات أحمد. (١٩٨٩). التربية والتنمية. مكتبة النهضة المصرية، القاهرة.

-لطفي بركات أحمد. (١٩٨١). دراسات في تطوير التعليم في الوطن العربي. دار المريخ، الرياض.

-لطفي بركات أحمد. (١٩٧٩). في مجالات التربية المعاصرة. مكتب النهضة المصرية، القاهرة.
-ليلى محمد سقا الـلـه. (أيلول ١٩٩١). اتجاهات حديثة في التربية المدرسية والمجتمع. رسالة المعلم، عدد ٣، مجلد ٣١.
-مجد الدين خيري. (١٩٨٥). العلاقات الاجتماعية في بعض الأسر (النووية) الأردنية. الجامعة الأرنية، عمان.
-مجموعة القوانين والأنظمة الصادرة عن قسم التوثيق بوزارة التربية والتعليم. (١٩٨٣). عمان، الأردن.
-محمد أحمد عبد الهادي. (١٩٨٤). الإدارة المدرسية في مجال التطبيق الميداني. دار البيان العربي، جدة.
-محمد زياد حمدان. (١٩٨٤). التعلم الصفي. تهامة، جده.
-محمد عابدين. (٢٠٠١). الإدارة المدرسية الحديثة. دار الشروق للنشر والتوزيع، عمان.
-محمد عبد الرؤوف شفشق. (١٩٧٨). الأصول الفلسفية للتربية، دار البحوث العلمية، الكويت، ط٣.
-محمد عبد الرحيم عدس. (١٩٩٥). الإدارة الصفية والمدرسة المنفردة، دار مجدلاوي، عمان.
-محمد عياصرة ، محمود مساد. (١٩٩٥). المدرسة وحدة أساسية للتطوير التربوي والاجتماعي. رسالة المعلم، العدد الثاني، المجلد ٣٥.
-محمد قاسم القريوتي. (١٩٩٣). السلوك التنظيمي.. دراسة السلوك الإنساني الفردي والجماعي في المنظمات الإدارية. عمان، ط٢.
-محمد لبيب النحيحي. (١٩٧٦). الأسس الاجتماعية للتربية. مكتبة الأنجلو المصرية، القاهرة، ط٦.
-محمد منير مرسي. (١٩٩٢). تاريخ التربية في الشرق والغرب. عالم الكتب. القاهرة.
-محمد منير مرسي. (١٩٨١). في اجتماعات التربية. عالم الكتب، القاهرة.
-محمد منير مرسي. (١٩٨١). في اجتماعات التربية. دار النهضة العربية للطباعة والنشر، بيروت.

-محمد عبد الهادي عفيفي. (١٩٧٥). التربية والتغير الثقافي. مكتبة الانجلو المصرية، القاهرة. ط٤.

-محمد عبد الهادي عفيفي. (١٩٧٨). في أصول التربية .. الأصول الفلسفية للتربية. مكتبة الإنجلو المصرية. القاهرة.

-محمود السيد سلطان. (١٩٩٦). مسيرة الفكر التربوي عبر التاريخ. دار الحسام للطباعة والنشر والتوزيع، القاهرة، ط٤.

-محمود عبد الرزاق شفيق، هدى محمد الناشف. (١٩٩٨) إدارة الصفوف. دار الشروق للنشر والتوزيع، عمان.

-مفيد أبو مراد. (١٩٩٣). الريادية في الثقافة العربية. دار الجيل، بيروت.

-مفيد أبو مراد. (١٩٩٣). الريادية في الثقافة العربية. دار الجيل، بيروت، ط ١ .

-منى مؤتمن عماد الدين. (١٩٩٣). إدارة التغيير.. برنامج تدريب مديري المدارس. عمان، وزارة التربية والتعليم، مركز التدريب التربوي.

-ناديا هايل السرور. (١٩٩٨). مدخل إلى تربية المتميزين. دار الفكر للطباعة والنشر، عمان.

-هربرت ريد، ترجمة محمد الشبيني. التربية والتعليم في خدمة السلام. مؤسسة المطبوعات الحديثة، القاهرة.

-وجيه القاسم، مصطفى أبو الشيخ. (١٩٩٣). إدارة التغيير.. برنامج تنمية القيادات التربوية. عمان، وزارة التربية والتعليم - مركز التدريب التربوي.

-ياسين الغادي. (٢٠٠١). التعسف في استخدام السلطة على الأبناء. دار رند للنشر والتوزيع، عمان.

-يوسف قطامي. (١٩٩٨). سيكولوجية التعلم والتعليم الصفي. دار الشروق للنشر والتوزيع، عمان.